SIMPLE NÄHEN

JULIKA LANDERMANN

SIMPLE NÄHEN

PRAKTISCHE ALLTAGSMODE IN GRÖSSE 34-50

EMF

EIN BUCH DER
EDITION MICHAEL FISCHER

JULES

INHALT

Einen Lageplan, wo welche Projekte/Schnittteile auf den Schnittbogen liegen, sowie eine Übersicht für den Zuschnitt findest du hier.

DIE PROJEKTE

FRÜHLING & SOMMER

HERBST & WINTER

VORWORT

SEW SIMPLE!

Für mich ein wunderbarer Mood, um in mein neues Herzprojekt zu starten, und da sitze ich nun hier in meinen gemütlichen, selbstgenähten Klamotten und schreibe das Vorwort zu meinem vierten Buch.

Wie unwirklich das alles ist, muss ich dir sicher nicht erzählen, es ist verrückt, einfach nur komplett verrückt. Den Grundstein der zauberhaften HEJ-Reihe zu legen hat mir so viel Freude gemacht und erfüllt mich mit Stolz. Etwas so Schönes wachsen zu sehen und mitzuerleben, wie gut es ankommt, war ein ganz besonderes Abenteuer. Aber jedem Anfang wohnt ein Zauber inne und so ist es an der Zeit etwas ganz Neues zu starten.

SEW SIMPLE war schon immer mein Motto, aber dieser Titel bringt meine Art zu nähen einfach komplett auf den Punkt. Alle meine bisherigen Bücher folgen diesem Pfad. War es mir am Anfang gar nicht so bewusst, so weiß ich jetzt ziemlich sicher, dass genau dieser Weg viele für das bezaubernde Hobby der Näherei erst so richtig begeistern konnte. Trau dich, sei mutig und kreiere etwas Wunderbares. Geh deinen Weg, verändere die Schnitte, mach sie dir zu eigen. Der Weg zu einer eigenen, selbstgenähten Garderobe kann so easy sein. Die Reaktionen darauf und die vielen Nachrichten, die ich dazu bekomme, bestärken mich auf diesem Weg. Unkompliziert soll es sein, einfach und schnell im Alltag umzusetzen und dabei noch gemütlich und am Zahn der Zeit.

Blicke ich auf meine Anfänge zurück, etwas für mich zu nähen, kann ich nur herzhaft lachen. Damals im Nähkurs hieß es „Ach, du nähst immer so schöne Teile für deine Kinder, näh doch mal was für dich!“ Gesagt, getan, Schnitt gesucht, Stoff ausgewählt, losgelegt. Bei der ersten Anprobe komme ich hinter dem Vorhang vor – der ganze Kurs hält inne, die Erste schmunzelt, ich muss lachen beim Anblick im Spiegel. Was soll ich sagen, ein absoluter Reinfall. Danach war erstmal lange Stillstand und der Wunsch nach selbstgenähten Klamotten für mich kam erst in den letzten Jahren zurück. Mittlerweile trage ich meine Unikate mit voller Überzeugung und habe Spaß an jedem neuen Teil, was in meinen Händen entsteht. Umso mehr Lust habe ich auf dieses Projekt und freue mich jetzt schon darauf, dich abzuholen und auf diese Reise mitzunehmen.

Lieblingsklamotten für uns – wie cool ist das denn?! Locker, lässig, gemütlich und vor allem simpel sollen sie sein, auch hier wieder ohne viel Schnickschnack und für den Alltag nutzbar. So simpel und so basic, genauso möchte ich nähen. Gesetzte Farben, die miteinander harmonieren und untereinander kombinierbar sind. Der ein oder andere Eyecatcher macht das Outfit komplett. Stoffe kombinieren, aussuchen, die Teile vor dem inneren Auge wachsen sehen, dann loslegen – ach, da tanzt mein Herz ja schon beim Schreiben.

Wie schön, dass du (wieder) dabei bist!

Deine Julika

SUSTAINABLE!

NACHHALTIGKEIT IN DEINER GARDEROBE

Ich sitze am Schreibtisch. Es ist September, ein heißer Sommer liegt hinter uns, ein schwerer Waldbrand im Urlaub zum Greifen nah. Ich schaue an die Wände unseres alten Bauernhauses, viele tiefe Risse sind diesen Sommer dazugekommen, der Dorfweiher trocken wie lange nicht mehr, die Bäume schmeißen viel zu früh ihre Blätter ab. Niemals zuvor war das Thema Nachhaltigkeit in all seinen Facetten für mich so greifbar ...

Wir müssen einfach anfangen, jede*r für sich, jede*r in dem Tempo, das sie/er leisten kann. „Wer ins kalte Wasser springt, taucht in ein Meer aus Möglichkeiten", so sagt es ein finnisches Sprichwort.

Angefangen bei den alltäglichsten Dingen im Leben kann sich dieser Gedanke beim Blick auf unsere Garderobe fokussieren. Wer selber näht, erkennt den Wert für das, was er trägt, und muss das auch transportieren. Wie oft begegnen mir handgefertigte Sachen online und auf Märkten und ich bekomme Gänsehaut, wenn ich sehe, wie günstig die Teile ihre Besitzer wechseln. Ich finde, das sollte sich unbedingt ändern.

Natürlich ist es absolut verlockend, das breite Angebot der großen Modekonzerne zu sehen, zu Preisen, die einem den Atem rauben, sodass man am liebsten alles haben möchte. Aber macht das wirklich glücklich? Ich glaube kaum. Auch ich habe schon oft den Rausch erlebt, die Taschen vollzuladen, um am Ende des Tags doch gefrustet vom Überangebot vor dem Kleiderschrank zu stehen.

Wäre es nicht sehr viel cooler, den Schrank voller selbstgenähter, alltagstauglicher Teile zu haben, die auch farblich gut miteinander harmonieren? Wie einfach wäre der Griff in den Kleiderschrank? Ich nehme mich nicht aus, wenn es bis dahin noch ein langer Weg ist, aber auch der Gedanke daran ist ja schon ein Anfang.

Letztlich sind es ja auch die Stoffe, die einen riesigen Beitrag zum nachhaltigen Nähen leisten. Habe ich früher oft auf den Preis geschaut, so ist mittlerweile die Qualität das entscheidende Kriterium. Zertifikate können dabei eine hilfreiche Orientierung sein, sind aber auch nicht das Maß aller Dinge. Das GOTS-Zertifikat ist dabei immer eine gute Richtung und darauf kannst du in jedem Fall vertrauen.

So sollte es nicht das Ziel sein, das Stofflager zu füllen, sondern gezielt auszusuchen, zu planen und auch immer wieder den Bestand zu checken, denn oft findet sich auch da noch das ein oder andere Schätzchen, das noch darauf wartet durch deine Hände zu gleiten. Geh einfach mit offenen Augen durch die Welt und sei kreativ, kann doch auch das so hochwertige Leinen der Uroma, eventuell neu eingefärbt, zu einem wunderschönen und stylischen Kleidungsstück werden.

Ich könnte noch ewig schreiben, das Thema ist schier unerschöpflich. Ich hoffe, die Projekte in diesem Buch können dir den Weg zu einer nachhaltigen Garderobe erleichtern und ermöglichen dir viele wunderschöne und langlebige Unikate.

DAS STOFFREGAL

MY ALLTIME FAVOURITE PLACE TO BE

Dieser Satz wird sich nicht ändern – ich liebe Stoffe und ich liebe mein Stoffregal. Ich liebe das Kombinieren und ich liebe es, neue Farben, Stoffe und Trends zu entdecken. Dieses Begreifen, dieses Streicheln, dieses Kopfkino, das automatisch startet, wenn mich ein Stoff oder auch ein Design ganz besonders anzieht. Dann fängt es an zu rattern, lässt mich nicht mehr los und die Gedanken fahren Achterbahn. Dann bin ich ein bisschen von Sinnen und kann mich kaum auf etwas anderes konzentrieren – ja, ich denke, diese Sätze beschreiben es ganz gut ...

Das ging mir auch schon immer so und bereits als Kind konnte ich Stunden mit meiner Mama in Stoffgeschäften verbringen. Und wenn ich so richtig darüber nachdenke, brannte auch zu diesem Zeitpunkt schon diese kleine Flamme in mir – nähen, Neues erschaffen, eigene Stoffe verkaufen, eine kleine feine Auswahl an wunderschönsten Stoffen, mit Menschen quatschen und gemeinsam Kreationen zu erdenken, das macht mich richtig glücklich.

In letzter Zeit höre ich auch oft, dass ihr eure Stoffe nur projektorientiert kauft, Ziel vor Augen, Stoff aussuchen, loslegen. Das finde ich einen super Ansatz und so stehe ich oft bei uns im Lager und fachsimpel online mit euch, welche Stoffe und Kombinationen gut miteinander harmonieren, mache Fotos und berate – ach, ich liebe den Austausch mit euch einfach sehr.

Ich mag Stoffe, die mich begeistern, und könnte niemals Dinge in dieses Herzprojekt einbringen, die mich nicht selbst zu 100% überzeugen. Genau aus diesem Grund ist auch die Stoffauswahl hier wieder etwas ganz Besonderes und von mir mit Herzblut ausgesucht. Das bin ich, so mag ich es und vielleicht ist auch für dich die ein oder andere Inspirationsquelle dabei, um deine selbstgenähte Garderobe zu erweitern. Genau wie die Projekte selbst sind auch die Stoffe eine bunte Mischung aus Sommer- und Winterstoffen, wie ich sie aktuell am liebsten mag. Dazu kommt eine kleine Auswahl an Alltime-Favoriten, an denen man auch trendunabhängig nicht vorbeikommt. Zum Abschluss findest du eine praktische Übersicht, in der du immer mal schnell nachschauen kannst, welchen Stoff man nochmal wie verarbeitet und welcher Stich und welche Nadel sinnvoll sind.

TIPP

Alle Stoffe aus den Projekten findest du in unserem Shop unter www.julesnaht.de

SEW
SIMPLE

SOMMERSTOFFE

Luftig leicht, locker und weichfließend, dabei angenehm auf der Haut, das muss ein Sommerstoff für mich sein. Es gibt eine Vielzahl an wunderbaren Qualitäten für die warme Jahreszeit, sodass ich mich hier auf meine individuellen Stofflieblinge beschränke und dir diese ein wenig näherbringen möchte.

Mein absoluter Favorit für den Sommer ist nach wie vor der wunderbare **Musselin**. War es vor Jahren noch der Windelstoff schlechthin, hat sich dieser tolle Stoff in den letzten Jahren zu einem echten Klassiker entwickelt, der in der aktuellen Modewelt kaum mehr wegzudenken ist. Er ist überaus angenehm, luftig, weich und mit seinem typischen Crinklelook ein Allrounder, der an Praktikabilität nicht zu übertreffen ist. Trocknet im Nu, wird von Wäsche zu Wäsche nur schöner und das Beste, für den perfekten Look solltest du ihn auf keinen Fall bügeln – einfach herrlich. Vernäht zu einer Vielzahl von Kleidungsstücken im Sommer, begleitet mich dieser zauberhafte Stoff aber auch als Halstuch nahezu jeden Tag rund um das ganze Jahr. Sogar unter der Nähmaschine ist dieser Stoff ein wahres Naturtalent und verzeiht auch dem/der Nähanfänger*in vieles, sollte es mal nicht ganz rundlaufen. Love it – that´ s it.

Etwas klassischer kommt das traditionelle **Leinen** daher. Seit vielen Jahrhunderten bekannt für seine besonderen Eigenschaften wie Strapazierfähigkeit, Robustheit und seine kühlende Wirkung an heißen Sommertagen, ist das Material, das aus Flachs hergestellt wird, seit Jahrzehnten ein wesentlicher Teil der Bekleidungsindustrie. **Leinen** und auch **Halbleinen** haben sich jedoch vor allem in den letzten Jahren zu einem angesagten Trendstoff entwickelt, der aus der aktuellen Mode sowohl für den Sommer, aber auch für wunderschöne Herbstoutfits nicht mehr wegzudenken ist. Seine Beschaffenheit und die grobe Struktur geben dem Stoff einen ganz besonderen Look und stehen für Natürlichkeit, Nachhaltigkeit und für klare schnörkellose Schnitte – so simple eben. Auch in der Verarbeitung ist Leinen easy zu handhaben, verzieht oder wellt sich nicht und bringt dadurch auch Anfänger*innen schnell zu ersten Näherfolgen.

Unter dem Gesamtbegriff der **Baumwollwebware** verstecken sich eine Vielzahl unterschiedlicher Qualitäten. Blicken wir in den Sommer, sehen wir hier Stoffe wie **Popeline**, **Seersucker** und viele andere **Baumwollgewebe**. Aus dieser Webware nähst du die unterschiedlichsten Sommerteile wie Blusen, Röcke, Shorts und Kleider. Die Farben und Muster sind schier unendlich und du kannst deine Sommerliebe hier nach Lust und Laune ausleben.

Für den gemütlichen und lässigen Part sorgen im Sommer aber natürlich auch leichte **Jerseystoffe** und **French-Terry-Stoffe**. Jersey bekommst du ebenfalls in den unterschiedlichsten Qualitäten, Farben und Designs. Die hohe Elastizität macht die Kleidungsstücke alltagstauglich und bietet tollen Tragekomfort. Aktuell besonders angesagt ist die gerippte Optik, ob breit oder schmal - Hauptsache gerippt. Auch der 70er-Jahre-Frotteestoff feiert aktuell als sogenannter **Frotteejersey** sein Comeback.

WINTERSTOFFE

Wenn der Sommer so langsam sein Ende ankündigt und die Abende kühler werden, füllt sich bei uns das Stofflager mit **Walkloden**. Walkloden ist mein Winterstoff schlechthin. Ein absoluter Allrounder für Groß und Klein, praktisch in seiner Funktion, wunderbar in der Verarbeitung und dabei in so schönen Farben zu bekommen. Walkloden besteht zu 100% aus Schurwolle und es gibt ihn in gestrickter und gewebter Grundstruktur. Erst nach dem Stricken oder Weben folgt das Walken, wodurch sich die Wollfasern verfilzen und er seine bekannte Optik und die wärmende Wirkung erhält. Da die Wolle ein Naturprodukt ist, sind die Qualitäten hier sehr individuell. Ich verwende ausschließlich Walk mit einem Gewicht zwischen 400–415 g/m^2. Aus Respekt vor den Tieren achte ich auf mulesingfreie Wolle und die RWS-Zertifizierung (Responsible Wool Standard).

Eine wunderbare Alternative findest du aber auch in dem ebenfalls überaus kuschelig weichen **Baumwollfleece**. Ein Fleecegewebe, das zu 100% aus Baumwolle besteht und in der Verarbeitung ebenfalls unkompliziert zu handhaben ist. Für richtig warme Jacken kannst du Fleece auch toll als Futter verwenden. Gleiches gilt für den stylischen **Teddyplüsch**. Diesen gibt es mittlerweile in einer Vielzahl an Qualitäten und er ist aus der aktuellen Mode kaum wegzudenken. Ob Sweater oder kuscheliger Cardigan – Teddy geht immer.

Als absolutes Highlight erobern gerade die sogenannten **Steppstoffe** die Herbst- und Winterkollektionen. Du bekommst sie in den unterschiedlichsten Farben und Steppdesigns. Stepper sind von beiden Seiten identisch, haben jedoch in der Mitte eine Vliesschicht eingearbeitet, wodurch sie ihre markante dreidimensionale Optik erhalten. Du verwendest Stepper für alle Arten von Jacken, aber auch Taschen aus Steppstoff sind aktuell sehr angesagt. Steppstoffe sind in der Regel nicht elastisch.

Für gemütliche Pullover und Jogger stehen noch immer **Sweatstoffe** im Fokus. Sweat ist ebenso wie Jersey und French Terry ein gestrickter Stoff, der dementsprechend behandelt werden muss. Er ist je nach Qualität unterschiedlich stark elastisch und variiert auch in seinem Gewicht enorm. Beim Sweat ist die schlaufenartige Innenseite aufgeraut und ergibt dadurch eine kuschelig weiche Haptik auf der Innenseite.

Auch alle Arten von **Strickstoffen**, angefangen vom **Grobstrick** bis hin zum **Rippstrick,** sind in der kalten Jahreszeit denkbar. Diese Strickstoffe werden industriell als Maschenware gefertigt und bringen je nach Verfahren und Material unterschiedliche Eigenschaften und Optiken mit sich. Keine Angst vor der Verarbeitung – an der Overlock genäht ist es in den meisten Fällen ein Kinderspiel und du zauberst wunderschöne Sweater, einen wärmenden Cardigan oder auch eine kuschelige Culotte aus Rippstrick.

Mein absolutes Highlight in den Wintermonaten ist **Cord**. Cord in all seinen Facetten vom **Babycord** für schöne Herbströcke und Kleider bis hin zum robusten **Breitcord** für die lässig-coole Hose für jeden Tag – mein persönliches Must-have im Kleiderschrank. So stylisch und dabei so einfach zu nähen, also das mag ich ja sehr. Für die Gemütlichkeit verwende ich am liebsten Cord mit einem kleinen Elasthananteil.

PRAKTISCHES

VON A BIS Z

Abkürzungen

FDL	Fadenlauf
NZG	Nahtzugabe
VM	Vordere Mitte
HM	Hintere Mitte

Beim **Absteppen** nähst du eine weitere Naht parallel zu deiner bereits genähten Naht. Abgesteppt wird auf der rechten Seite und es dient dazu, mehrere Stofflagen in Form zu halten, sowie zur besseren Stabilisation oder kann auch zur optischen Betonung einer Naht eingesetzt werden.

> **„Denke nicht so oft an das, was dir fehlt, sondern an das, was du hast."**
>
> Marc Aurel

Applizieren bezeichnet man als den Vorgang, wenn du ein Textil mit Stoffelementen dekorierst. Du kannst sämtliche Arten von Stoffen zum Applizieren nutzen und dir die verschiedensten Deko-Elemente ausdenken. Ganze Bilder können mit Stoffen appliziert werden. Absolut hilfreich ist hierbei der Einsatz einer sogenannten Vliesofix-Folie. Diese ist von beiden Seiten via Bügeleisen zu fixieren. Genäht wird beim Applizieren abhängig von Material und Geschmack mit Geradstich oder einem Zickzackstich.

Mit **Belegen** kannst du Kanten sauber vernähen, indem du ein formgleiches Gegenstück rechts auf rechts gegennähst und dann umschlägst und absteppst (siehe Seite 32).

Bist du noch unsicher mit Knopflöchern, sind **Druckknöpfe** eine sichere Alternative. Bei dünnen Stoffen solltest du Einlagen einarbeiten, um ein Ausreißen des Knopfs zu verhindern. Die **Vario-Zange** ist ein tolles Werkzeug, um Druckknöpfe anzubringen.

Einlagen, Vlieseline & Co Aufbügelbare Einlagen werden verwendet, um Stoffen eine gewisse Stabilität zu geben. Sie können für die meisten Stoffe verwendet werden und sind in verschiedenen Stärken erhältlich. Für die Projekte in diesem Buch beschränke ich mich auf unelastisches Bügelvlies mit den Stärken H200 und H250. Das Bügelvlies setzt du als Verstärkung im Bereich von Knopfleisten, Tascheneingriffen oder Saumkanten ein.

Eine kleine **Fadenschere** ist optimal für das schnelle Abschneiden von Fäden oder das Anbringen von Knipsen, mit denen du Markierungen überträgst.

Die **Fangnadel** ist mittlerweile zu meinem täglichen Begleiter geworden. Seit ich dieses Werkzeug kenne, ist das Versäubern der Overlockraupen ein Kinderspiel.

Beim Zuschnitt können **Fixiergewichte** eine gute Hilfe für dich sein – auf das Schnittmuster gelegt, bleibt alles dort, wo es ist.

Der **Fixierstift** ist eine Art Klebestift für Textilien. Ich kenne ihn noch nicht so lange, bin aber seit diesem Zeitpunkt großer Fan. Alles ist im Handumdrehen angebracht und kann dann ohne lästiges Verrutschen aufgenäht werden.

Für einige Projekte im Buch benötigst du ein **Gummiband** in den Stärken 1cm und 5cm, um Bund und Säume herzustellen.

Neben ihrer Verschlussfunktion kannst du **Holzknöpfe** auch als Zierelemente an den Kleidungsstücken anbringen. Zum Beispiel habe ich schon gehört, dass aus Angst vor Knopflöchern Druckknöpfe verwendet und dann mit Holzknöpfen verdeckt werden.

Beim sogenannten **Heften** werden mehrere Stofflagen mittels eines dicken Heftfadens (ich nehme normales Nähgarn einfach doppelt) per Hand aufeinander fixiert, damit beim richtigen Nähen nichts verrutscht. Der Heftfaden wird nach dem Nähen wieder entfernt. **Maßband** und **Saummaß** (Handmaß) sind meine wichtigsten Begleiter beim Zuschnitt.

> **„Minimalismus ist der Schlüssel zu wahrer Eleganz."**
>
> Coco Chanel

Mit dem **Matratzenstich** kannst du Wendeöffnungen unsichtbar per Hand schließen. Ich nehme dafür eine Nähnadel mit einem doppelten Faden. Am Ende ist dieser verknotet. Beginne mit einem ersten Stich in der Nahtzugabe und arbeite dich in der Nahtzugabe von Seite zu Seite abwechselnd vorwärts. Am Ende kannst du die beiden Fäden dann sicher miteinander verknoten.

Beim **Nähgarn** solltest du vorrangig auf die Qualität achten. Ein Allesnäher aus Polyester ist robust und etwas elastisch und eignet sich deshalb optimal für Baumwoll-, Woll- und Strickstoffe.

Wenn du im **Nahtschatten** nähst, bedeutet es, dass du über eine bereits genähte Naht noch eine weitere Naht setzt und diese dann im Schatten der ersten Naht verschwindet.

Der **Nahttrenner** – ein kleiner, treuer Helfer, sollte einmal eine Naht nicht dort sitzen, wo sie hingehört. Dieses clevere Werkzeug erspart einige Frustration beim Auftrennen genau dieser Nähte. Nebenbei ist er die optimale Lösung beim Öffnen von Knopflöchern.

Rollschneider oder Schere – das ist absolute Geschmackssache. Probiere aus, was dir besser liegt. Ich persönlich liebe meine Stoffschere. Eine gute Stoffschere gleitet durch den Stoff und der Zuschnitt wird zum Kinderspiel. Ganz wichtig, mit Stoffscheren oder Rollschneider NUR Stoffe schneiden, alles andere wirst du schnell bereuen.

Sicherheitsnadeln setzt du bei deinen Projekten ein, um ein Gummiband durch einen Bund oder Saum zu ziehen.

Um Stoffe aufeinander zu fixieren, kannst du **Stecknadeln** oder auch **Stoffklammern** verwenden. Beides sollte an deinem Arbeitsplatz vorhanden sein, denn manchmal ist die gute alte Stecknadel noch unerlässlich.

Mit **Trickmarker oder Kreidestift** kannst du Markierungen vom Schnitt auf den Stoff übertragen. Die Farbe des Markers verschwindet nach einiger Zeit wieder, den Kreidestift kannst du vorsichtig ausbürsten. Auch bei der sogenannten Lineart, wo aus Baumwollkordeln Figuren, Zahlen etc. entstehen und aufgenäht werden, kann der Trickmarker eine super Hilfe sein.

Einen sogenannten **Umbruch** oder eine **Umbruchkante** findest du bei vielen Schnittmustern. Er bezeichnet einen Teil der Kante, den du zum Beispiel als Saum oder Knopfleiste nach innen einschlägst und abnähst.

Versäubern nennt man das Sichern des Stoffs mit der Overlock oder einem Zickzackstich der Nähmaschine, damit das Gewebe nicht ausfranst und die Naht gut halten kann.

Wondertape ist ein super Alltagsbegleiter und kommt immer mal wieder zum Einsatz, zum Beispiel bei Reißverschlüssen oder Brusttaschen (ebenfalls bei Lineart ein hilfreiches Gadget).

DIE SCHNITTMUSTER

Alle benötigten Schnittteile findest du auf den beiliegenden Schnittbogen. Auch wenn es sicher manchmal etwas kniffelig ist, alles zu finden, so ist dieses Problem einfach meiner Kreativität geschuldet, möglichst viele schöne Ideen mit dir zu teilen.

Die einzelnen Größen unterscheiden sich durch verschiedene Konturlinien:

34/36 -

38/40 ————————————————

40/42 ·-

44/46 —·—·—·—·—·—·—·—·—·—·—·—·—·

48/50 – – – – – – – – – – – – – – – – – –

Die Schnitte überträgst du von den Schnittmusterbogen mithilfe von Schnittmusterpapier (Seidenpapier, Transparentpapier). Beschrifte deine einzelnen Teile sorgfältig mit Namen und Größe und denk dabei auch an alle Markierungen, Abnäher etc.

Wenn du Schwierigkeiten bei Schnittmustern ohne Nahtzugabe hast, so kannst du dir diese und auch die Saumzugabe bereits beim Anfertigen der einzelnen Schnittteile einzeichnen und dann eben schon mit ausschneiden. Ich persönlich bevorzuge Schnittmuster tatsächlich ohne Nahtzugabe, da ich so viel individueller mit jedem einzelnen Schnitt bin und darüber dann beim Zuschnitt entscheiden kann, wo es hingehen soll. Aber das macht sicher auch die Routine und der oben genannte Tipp kann vielleicht gerade am Anfang sehr hilfreich sein.

NAHTZUGABE

ALLE Schnittteile auf den Bögen sind OHNE Nahtzugaben angelegt. Die Nahtzugabe ist der Bereich zwischen der Naht- und der Schnittkante. Für alle Projekte in diesem Buch empfehle ich eine Nahtzugabe von 0,75cm. Vor allem bei Webware ist das Einhalten der Nahtzugabe von besonderer Bedeutung. Viele Baumwoll- und Leinenstoffe fransen stark aus, umso wichtiger ist der Bereich der Nahtzugabe, damit die Naht später auch sicher hält. Auch für das problemlose Gleiten des Nähfußes ist die Nahtzugabe wichtig. Für das exakte Einhalten der Nahtzugabe findest du auf deiner Nähmaschine Linien zur besseren Orientierung. Die Nahtzugabe ist immer dort erforderlich, wo auch tatsächlich eine Naht entsteht bzw. zwei Stoffe aneinandergenäht werden. Die einzige Ausnahme stellt hier das Einfassen dar: Bereiche, die eingefasst werden, brauchen keine extra Nahtzugabe.

SAUMZUGABE

Die Saumzugabe ist immer dort erforderlich, wo offene Kanten eines Nähstücks sind (Armenden, Beinenden, Halsausschnitte). Du musst sie an Ärmeln und unteren Kanten immer einplanen. Die genauen Maße für den Saum werden bei jedem einzelnen

Projekt separat angegeben und sind abhängig von der genähten Saumart. Wenn du eine andere Saumart wählst als die im Projekt umgesetzte, musst du deine Saumzugabe deinem Wunschsaum entsprechend anpassen. Grundsätzlich gebe ich hier immer etwas mehr dazu und kürze das Nähstück später ein. Es gibt nichts Ärgerlicheres, als wenn die Hosenbeine am Ende zu kurz sind – abschneiden geht immer, mehr dran – na ja ...

UMBRUCH

Als Umbruch bezeichnet man eine Stelle im Schnitt, wo der als Umbruch markierte Stoff (nach innen) umgelegt wird. Oft wird er genutzt, um Kanten sauber zu verarbeiten. Der Umbruch ist hier direkt am Schnittmuster angesetzt und als solcher markiert.

BELEG

Belege kommen immer dann zum Einsatz, wenn du unkompliziert einen sauberen Abschluss oder eine saubere Kante benötigst. Meist ist der Beleg ein separates Schnittteil, kann aber auch (wie hier der Einfachheit halber bei der Walkjacke) bereits am Schnittteil angesetzt sein. Kanten werden durch Belege versäubert und verstärkt.

Einen Lageplan, wo welche Projekte/Schnittteile auf den Schnittbogen liegen, sowie eine Übersicht für den Zuschnitt findest du hier.

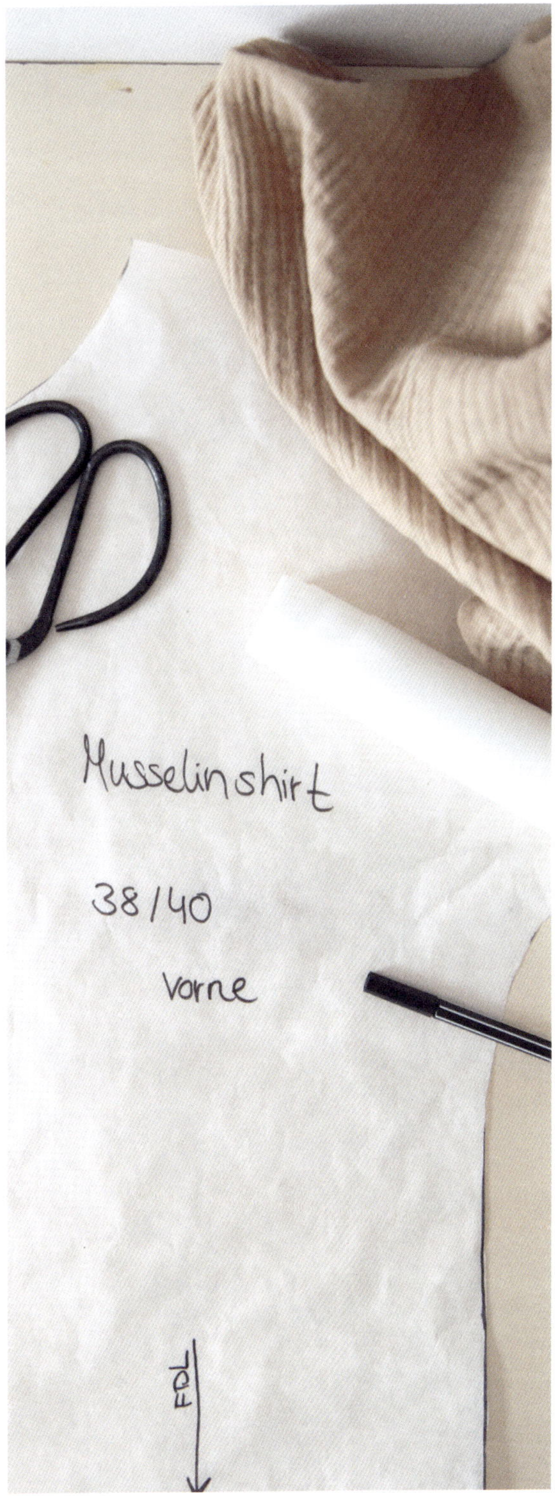

DER ZUSCHNITT

Wasche deine Stoffe vor dem Nähen vor (ausgenommen Walk), gerade bei Musselin wirst du dich wundern, um wie viel dieser wunderbare Stoff eingeht, aber zusätzlich an Schönheit gewinnt.

Vor jedem Projekt findest du eine Auflistung der benötigten Schnittteile und der individuellen Saumzugaben. Die Nahtzugabe beträgt bei allen Schnittteilen 0,75 cm. Übertrage auch immer alle Markierungen mit Trickmarker oder Schneiderkreide auf den Stoff.

FADENLAUF

In der Regel bekommst du deine Stoffe in doublierter Stofflage. Rechts und links finden sich die Webkanten, parallel dazu verläuft immer der Fadenlauf. Der „Knick" in der Mitte ist hier eine hilfreiche Orientierung.

MUSTERVERLAUF

Achte bei gemusterten Teilen auch immer auf den Musterverlauf bzw. die richtige Richtung. Wie oft wollte ich schon Stoff sparen und schwupps standen alle Blumen Kopf – wie ärgerlich ...

IM BRUCH ZUSCHNEIDEN

In vielen Schnittteilen findest du eine Angabe „Bruch". Diese Angabe bedeutet, dass du dieses Schnittteil im Bruch zuschneiden sollst, es ist also nur halb dargestellt, du benötigst es aber als Ganzes. Hierfür faltest du den Stoff parallel zum Fadenlauf. An diese entstandene Falte, den Stoffbruch, legst du dann dein Schnittteil. Am Stoffbruch, also der Kante direkt, wird KEINE Nahtzugabe zugegeben, rundherum natürlich schon.

GEGENGLEICH ZUSCHNEIDEN

Spiegelverkehrt benötigte Schnittteile werden in doppelter Stofflage zugeschnitten. Hier wird der Stoff wieder parallel zum Fadenverlauf doppelt gelegt, nun jedoch das Schnittteil aufgelegt und RUNDHERUM zzgl. Nahtzugabe zugeschnitten. Zwei Teile entstehen. Ich nenne das in den Projekten „gegengleich zuschneiden".

ABNÄHER

1
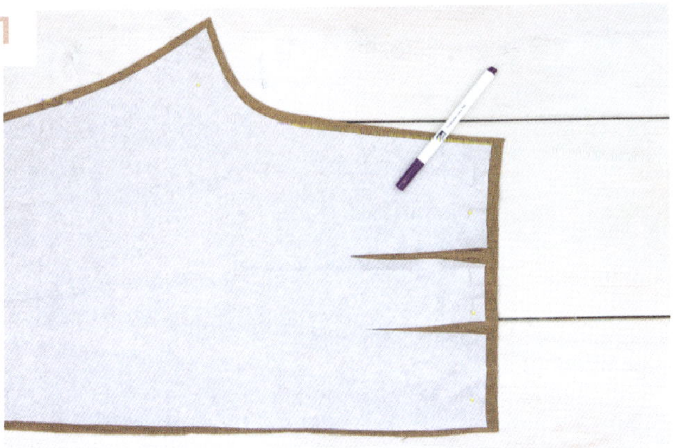

2

1. Schneide dein Schnittteil zuerst ganz normal zu und schenke dem Abnäher vorerst keine Aufmerksamkeit. Erst dann überträgst du den Brustabnäher mit Trickmarker oder Schneiderkreide (ohne NZG) auf den Stoff (am besten auf die linke Seite).

2. Nun legst du die beiden Linien exakt aufeinander und steckst sie mit Stecknadeln fest.

3

4

3. Nähe nun von außen nach innen und stoppe ganz knapp vor der Spitze, ohne zu verriegeln. Lasse stattdessen etwas Faden stehen und verknote die Enden doppelt.

4. Bügele den Abnäher nach unten weg und nähe das umgeklappte Stück in der NZG am Rand mit ein paar wenigen Stichen fest.

RAFFEN

... MIT DER NÄHMASCHINE

Deine Nähmaschine braucht nun ein paar wenige Einstellungen. Bevor es losgeht, stellst du sicher, dass Ober- und Unterfaden etwa 10 cm aus der Maschine herausschauen. Den Geradstich stellst du nun auf eine Stichlänge von 5–6 mm. Automatisches Vernähen ausschalten bzw. zu Beginn und am Ende nicht verriegeln.

In der Regel kräuselt sich der Streifen nun bereits beim Nähen. Am Oberfaden festhaltend kannst du den Streifen nun ganz einfach auf deine individuell benötigte Länge kräuseln.

... MIT FRAMILONBAND

Bei dieser Technik des Kräuselns benötigst du ein sogenanntes Framilon-Gummiband. Du erhältst dieses spezielle Band im Fachhandel und es ist eine gute Möglichkeit, zum Beispiel angesetzte Rockteile für Kleider gleichmäßig und ohne großen Aufwand so zu raffen, dass sie perfekt an das Oberteil passen bzw. direkt auf die benötigte Weite gerafft sind und dabei dennoch elastisch bleiben.

1

1. Um das Rockteil auf die Weite des Oberteils zu raffen, miss zuerst die Länge des Framilonbands anhand des Oberteils (einmal entlang der gesamten unteren Kante).

2

2. Markiere dir beim Band die Mitte und fixiere es mit Klammern einmal entlang des Rocks innerhalb der Nahtzugabe. Ich fixiere hier meist an 4 Stellen (Seiten sowie vordere und hintere Mitte). Achte schon hier darauf, dass das Band gerade verläuft.

3

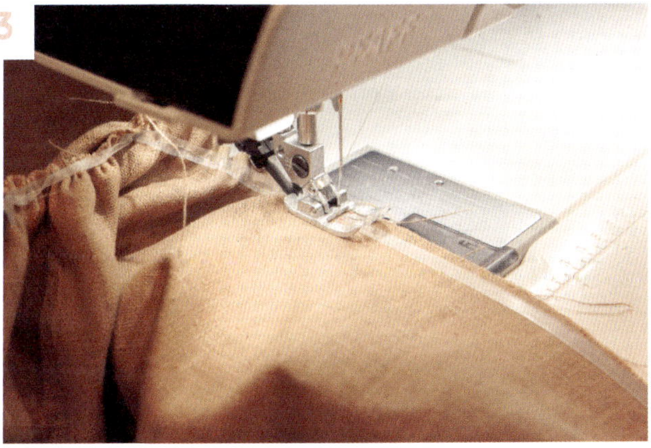

3. Nähe das Band nun gedehnt von Klammer zu Klammer fest. Nutze einen langen Stich von etwa 5mm, damit du das Band nicht zu sehr perforierst.

4

4. Der Rock ist jetzt wunderbar gerafft und lässt sich ganz einfach an das Oberteil annähen. Für mich ist das Raffen mit Framilonband definitiv die einfachste Variante.

NACKEN-VERSÄUBERUNG

Die klassische Nackenversäuberung ist so ein Thema für sich. Ich mag es grundsätzlich einfach, ich mag aber auch, wenn ein Teil hochwertig aussieht. Hier einen Kompromiss zu finden ist manchmal nicht ganz einfach.

Projekte im Buch, bei denen du die Technik anwenden kannst, sind Shirtkleid (Seite 46), Oversize-Shirt (Seite 52), Oversize-Hemdbluse (Seite 62), Cosy Dress (Seite 100) und Raglansweater (Seite 104).

1

1. Zusätzlich zu deinen Schnittteilen des individuellen Projekts benötigst du einen Stoffstreifen mit einer Breite von 3cm. Die Länge des Streifens ergibt sich individuell aus deinem Nähstück. Miss dafür den Nacken von Schulternaht zu Schulternaht und rechne die NZG für beide Seiten hinzu.

2

2. Der Streifen kommt zum Einsatz, wenn du das Halsbündchen in den Halsausschnitt einsetzt. Klappe die kurzen Seiten links auf links um die NZG ein.

3

3. Stecke ihn von Schulternaht zu Schulternaht rechts auf rechts mit auf den fixierten Bündchenstreifen.

4. Nähe nun wie gewohnt das Bündchen inkl. dem Jerseystreifen in den Halsausschnitt.

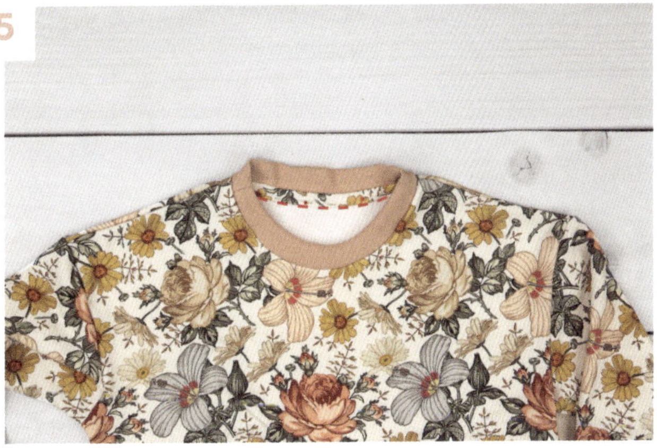

5. Schlage den Streifen einmal ein, lege ihn dann über die entstandene Halsnaht und verdecke diese damit. Steppe den Streifen knappkantig von der Schulternaht auslaufend zur anderen Schulterpartie ab.

6. Fertig ist deine Nackenversäuberung. Professionelle Optik, leichter Weg – genauso mag ich es.

INNENLIEGENDE

BÜNDCHEN

1

2

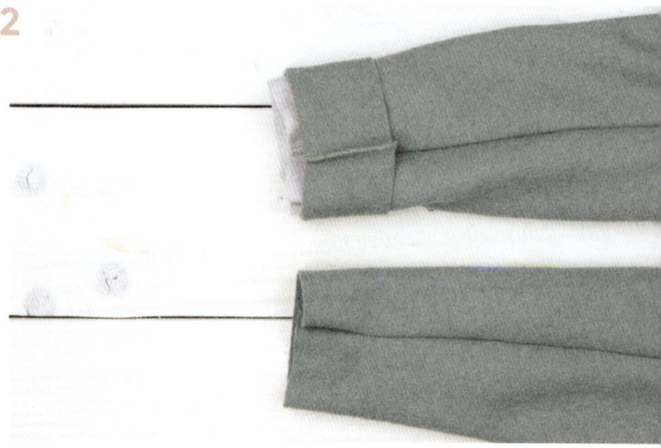

1. Starten wir mit den Bündchen. Klappe diese rechts auf rechts aufeinander und schließe sie entlang der schmalen Seite zu einem Ring.

2. Lege dir die Jackenschichten sorgfältig aufeinander. Dieser Schritt ist sehr wichtig, damit du den Ärmel der Innenjacke nicht verdreht annähst. Der innere Arm ist ja kürzer als der äußere und muss daher gut kontrolliert werden.

3

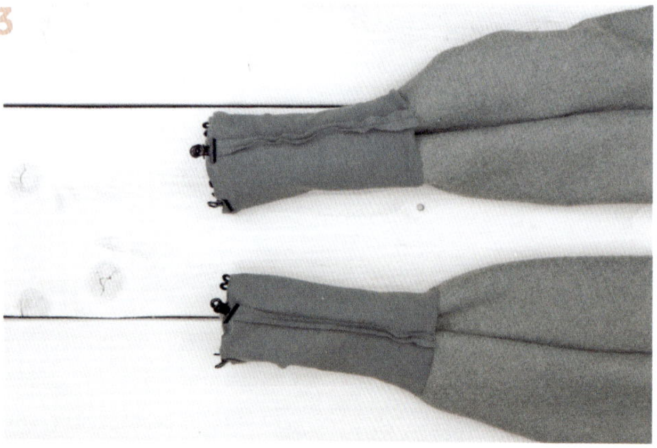

4

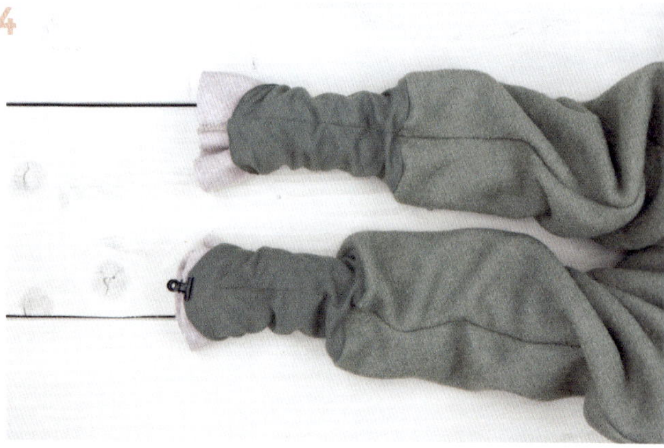

3. Stecke beide Bündchen zuerst rechts auf rechts an die Armabschlüsse des Oberstoffs und nähe sie ringsherum fest. Achte darauf, dass die geschlossene Naht des Bündchens auf die geschlossene Naht des Oberstoffs trifft. Du kannst hier sowohl an der Overlock als auch an der normalen Nähmaschine arbeiten. Nutze dann allerdings einen elastischen Zickzackstich.

4. Stülpe das Bündchen um, sodass die rechte Seite oben liegt. An die noch offene Kante vom Bündchen wird nun der Futterstoff gesteckt: Fixiere Futterstoff und Bündchen mit einer Klammer an einem Punkt. Ich wähle hierfür die Stelle, an der der Ärmel zusammengenäht wurde, d.h. die geschlossene Naht vom Futterstoff. Die beiden Stofflagen liegen noch links auf links zwischen der Klammer.

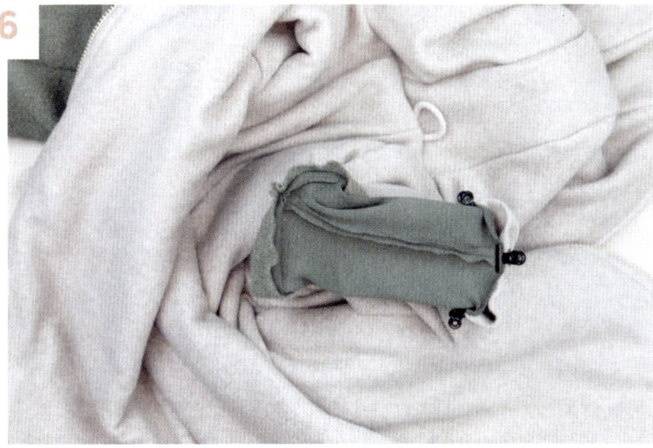

5. Greife nun durch die Wendeöffnung und ziehe dir den Armabschluss gut sichtbar auf die linke Seite heraus. Löse die Klammer und stecke die Schichten nun rechts auf rechts.

6. Nähe nun die noch offene Bündchenkante rings-herum an den Futterstoff.

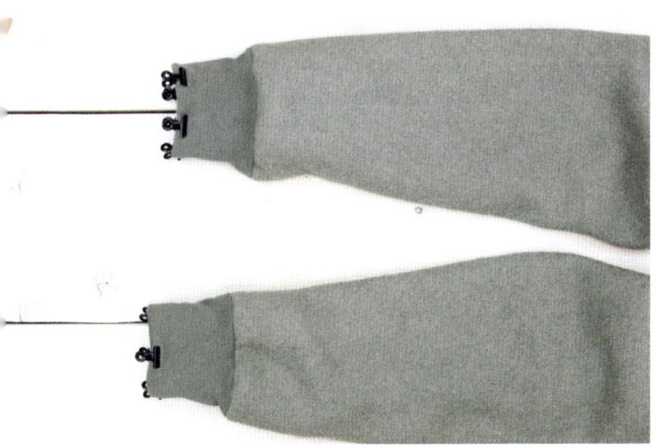

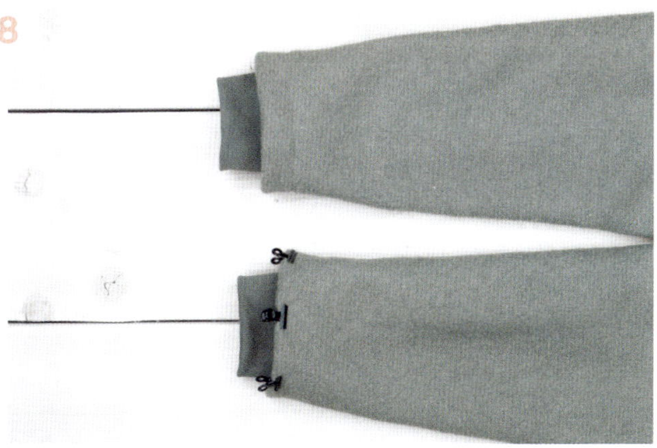

7. Nun ziehst du beide Ärmel wieder auf die rechte Seite und legst dir das Bündchen erst einmal sauber aufeinander.

8. Im letzten Schritt klappst du dann den Oberstoff um die Hälfte der Belegbreite (hier 3 cm) nach unten Richtung Saum. Stecke dir die entstandene Kante sauber fest und steppe die beiden Lagen Außenstoff dort, wo Futter auf Bündchen trifft, noch einmal rundherum ab. Geschafft!

KNOPFLÖCHER

FERTIGEN

Ob mit Automatik oder ohne: Das Aufbügeln einer Vlieseinlage kann ich beim Nähen von Knopflöchern nur empfehlen. Sie bekommen dadurch einen schönen Stand, ein qualitativ hochwertiges Aussehen, sind reißfest und stabil. Bei beiden Varianten sind Handmaß, Stecknadeln und Trickmarker o.Ä. erforderlich. Bevor es ans Nähen geht, musst du die Knopflöcher auf dem Nähstück markieren. Den Durchmesser des Knopfs ermittelst du anhand deines Nähfußschlittens oder mit dem Handmaß.

Führe bei beiden Varianten eine Probe auf einem separaten Stoffstück durch. Es ist sinnvoll, das Probestück aus der gleichen Stoffart zu wählen wie dein Nähstück. Erst dann kannst du sichergehen, dass die Einstellung deiner Maschine gut zur Beschaffenheit des Stoffs passt und sie das Knopfloch sauber fertigt.

Etwas aufpassen musst du, wenn Nähte in der Nähe sind, viele Maschinen haben an diesen Stellen Schwierigkeiten. Oft können Magnetkarten aus dem Portemonnaie oder andere Alltagsgegenstände als kleine Helfer gut funktionieren. Ich bin da oft sehr pragmatisch, was das Notfallkit angeht. Im Notfall kannst du immer auf die manuelle Fertigung des Knopflochs ausweichen.

AUTOMATIK

Mittlerweile verfügen die meisten handelsüblichen Nähmaschinen über eine sogenannte Knopflochautomatik. Zu dieser Automatik gehört ein passender Knopflochfuß, an dem die benötigten Maße ermittelt werden und mit dem das Knopfloch dann (je nach Maschine) in Teilen oder komplett selbstständig gefertigt wird. Dies ist jedoch von Maschine zu Maschine sehr individuell und du kennst deine Maschine da sicher am besten.

Mein Tipp ist hier in jedem Fall: Probieren geht über Studieren. Wag dich an einem Probestück an verschiedene Knopflöcher heran und du wirst sehen, schöne Knopflöcher sind kein Hexenwerk ...

MANUELL

Knopflöcher können auch manuell gefertigt optisch ansprechend und funktional sein. Vor allem, wenn die moderne Technik mal versagt, ist es nützlich, sich mit einem manuell gefertigten Knopfloch helfen zu können. Dafür ist es sinnvoll, ein paar Einstellungen zu kennen und zu beachten. Grundsätzlich gilt, arbeite langsam und sorgfältig, umso schöner ist das Ergebnis.

KNÖPFE MIT DER NÄHMASCHINE ANNÄHEN

Der absolute „game changer": Du entfernst ganz einfach den Nähfuß deiner Nähmaschine. Markiere die Position des Knopfs auf dem Nähstück. Unter den Greifer, der eigentlich den Nähfuß hält, klemmst du nun deinen Knopf (einige Maschinen haben auch sogenannte Knopflochfüße). Stelle an der Maschine einen Zickzackstich in der Breite der Löcher des Knopfs ein. Der Untertransporteur muss abgesenkt sein. Nähe den Knopf mit etwa 10–12 Stichen fest – fertig.

2

1. Starte mit einem schmalen sehr engen Zickzackstich von etwa 2mm Breite. Nähe diesen so lang, wie du ihn für deinen individuellen Knopf benötigst. Eine Markierung durch Stecknadeln kann hier sehr hilfreich sein. Ende mit der Nadel im Stoff an der Außenkante der Zickzacknaht.

2. Stelle an deiner Maschine einen 5mm breiten Zickzackstich mit der Stichlänge 0 ein und nähe nun 5–6 Stiche. Dies ist die erste Verriegelung des Knopflochs. Ende mit der Nadel wieder im Stoff, nun aber an der gegenüberliegenden Seite (also dort, wo du nun die zweite lange Seite nähst).

4

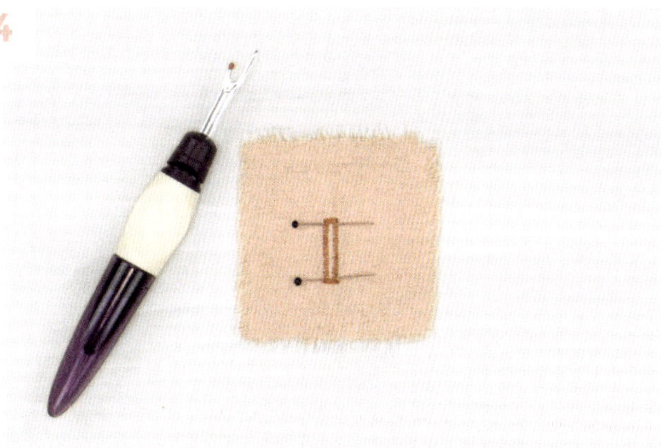

3. Hebe nun den Nähfuß und drehe das Nähstück herum. Arbeite nun die zweite lange Seite des Knopflochs mit dem schmalen Zickzackstich und der Breite 2mm.

4. Zum Schluss verriegelst du das Knopfloch erneut mit dem breiten Zickzackstich (5mm) und der Stichlänge 0. Wieder 5–6 Stiche, vernähen und fertig ist dein manuelles Knopfloch. Öffnen kannst du deine Knopflöcher einfach und unkompliziert mit einem Nahttrenner.

BELEGE

ANNÄHEN

Habe ich mich in der Kindermode bislang immer um Belege herumgemogelt, so gehören sie in der Damenmode aber auf jeden Fall dazu. Und ganz ehrlich, ein Hexenwerk sind auch diese Säume nicht. Ganz im Gegenteil, hat man sich erst einmal drangewagt, erkennt man ihren Wert erst so richtig und näht Belege, wo immer es möglich ist. Wird dir bestimmt genauso gehen. Easy genäht und ein sauberer Look – so mag ich das. Wie du einen Beleg korrekt verarbeitest, zeige ich dir hier am Beispiel eines Halsausschnitts.

1

1. Je nach Stoff bügelst du dir eine leichte Vlieseline (H200) auf die Belegteile. Ob du diese vorab versäuberst oder nicht, ist ebenfalls etwas abhängig vom Stoff. Eine Empfehlung dazu findest du in der Übersicht auf Seite 138.

2

2. Nähe Vorderteil- und Rückteilbeleg an beiden schmalen Seiten zusammen. Diese spiegeln quasi die Schulternähte.

3A

3A. Stecke den entstandenen Ring rechts auf rechts an deinen Halsausschnitt. Achte darauf, dass die Nähte in den Seiten jeweils flach gegengleich liegen, und nähe ihn fest.

3. Hier kannst du gut erkennen, wie schön flach die ähte dann liegen.

4. Damit sich die Rundung gut ausarbeiten lässt, schneidest du den Beleg in der Nahtzugabe an mehreren Stellen ein.

5. Klappe den Beleg nach innen auf die Innenseite des Ausschnitts und bügele die Naht bei Bedarf aus.

6. Den Beleg steppst du nun noch auf der rechten Seite ab. Damit nichts verrutscht, kannst du ihn ebenfalls mit ein paar Stichen in den Schulternähten fixieren.

TIPPS UND TRICKS

ZUM REISSVERSCHLUSS

Es ist noch gar nicht so lange her, dass ich mich dem Thema Reißverschluss und seiner Verarbeitung genähert habe. War der Respekt vor diesen Dingern vorher riesig, so muss ich ehrlich sagen, dass mich seine Vorzüge an diversen Projekten mittlerweile vollkommen überzeugt haben und auch das Nähen schnell und easy von der Hand geht, wenn man ein paar einfache Dinge beachtet.

Es gibt viele Arten von Reißverschlüssen (RV) und welches Material dir zusagt, ist wirklich mehr oder weniger Geschmackssache. Ganz wesentlich in der Funktion ist jedoch die Unterscheidung von **teilbaren** und **nicht teilbaren** Varianten. Teilbare Reißverschlüsse kommen immer dann zum Einsatz, wenn das Projekt einen Anfang und ein Ende hat und dort auch geöffnet und geschlossen wird, wie zum Beispiel hier bei der Walk- oder Collegejacke. Nicht teilbare Reißverschlüsse nutzt du bei Taschen, Kissenbezügen etc.

1. Wenn du den RV an elastische Stoffe annähst, kannst du die Kante vorab mit aufbügelbarer **Vlieseline** verstärken. Damit verhinderst du ebenfalls dieses unschöne Wellen.

2. Willst du ganz sicher gehen, dass beim Annähen nichts verrutscht, kannst du den RV auch vorab **heften** (grob mit der Hand und einem langen Stich annähen oder mit Fixierstift oder Wondertape befestigen). Ich nutze aber ausschließlich Stoffklammern und komme damit immer gut zurecht.

3. Fixiere immer **zuerst nur die eine Seite**. Stecke oder hefte dann erst die zweite Seite und probiere vor dem Nähen aus, ob der RV auf der zweiten Seite auch wirklich richtig sitzt und beide Vorderteile in geschlossenem Zustand auch wirklich auf einer Höhe sind.

4. Nähe auf beiden Seiten immer **von oben nach unten** (vom Hals zum Saum). Falls doch mal etwas verrutscht, kann man unten deutlich einfacher korrigieren als oben am Hals.

5. Nähst du zusätzlich ein Futter ein, so fixiere auch dieses wieder vorab mit Klammern und nähe wieder auf der Seite des Oberstoffs über die bereits sichtbare Naht. So stellst du sicher, dass das Futter nicht verrutscht. Vor allem bei elastischen Stoffen wie Jersey ist dies überaus ratsam.

6. Nutze unbedingt den Reißverschlussfuß deiner Nähmaschine. Hier lohnt sich ein Blick in die Zubehörkiste auf jeden Fall.

7. Nähe nicht zu nah an den Zähnen, damit sich die Stoffe später nicht im RV verhaken. Meist gibt hier aber auch der Nähmaschinenfuß eine gute Distanz vor.

8. Nimm dir Zeit und bleib ganz entspannt. Auch wenn es beim ersten Mal vielleicht nicht ganz reibungslos klappt, so ist das Einnähen von Reißverschlüssen beim Nähen doch ein absoluter game changer.

DIE GRÖSSEN

UND WIE DU SIE DIR ZU EIGEN MACHST

DIE MASSTABELLE

Größe	**34/36**	**38/40**	**40/42**	**44/46**	**48/50**
Brustumfang	82–85	88–92	92–96	100–102	110–114
Taillenumfang	66–69	72–76	76–80	84–88	96–100
Gesäß-umfang	91–94	97–101	101–105	109–113	120–125
Innenbein-länge	~78	~78	~78	~78	~78

Alle Maßangaben in cm

So individuell, wie wir alle sind, so unterschiedlich sind auch unsere Körper gebaut. Eigentlich ist damit schon klar, dass es nicht DEN perfekten Schnitt für ALLE geben kann. Für mich war es wichtig, möglichst viele Frauen für mein Buch begeistern zu können und auch, was die Größe betrifft, abholen zu können. Mit der ausgewählten Range von Größe 34 bis 50 ist uns das im Rahmen der Möglichkeiten gut gelungen. Wieder habe ich mich für Schnittmuster in Doppelgrößen entschieden.

Die Größen orientieren sich an der größeren der beiden Zahlen. Eine 38/40 ist damit eine reine 40. Gehst du mit deinen Maßen eher Richtung 38, so kannst du dies in der Weite über die NZG regulieren und die Weiten jeweils ohne NZG zuschneiden. Grundsätzlich empfehle ich, auch während des Nähens eine Anprobe einzulegen. So lange nicht gesäumt ist, kannst du die Weiten jederzeit anpassen.

Ganz grundsätzlich sind alle Schnitte für eine Körpergröße von 1,65 m bis 1,70 m ausgelegt. Wer hier deutlich herausfällt, muss dieses im Auge haben. Ich empfehle es grundsätzlich, sich jeden Schnitt vor dem Zuschneiden einmal grob anzuschauen. Nimm dir ein Lieblingsshirt, eine gemütliche Hose, irgendetwas Vergleichbares und leg es einfach mal auf den Schnitt. Da wirst du gut sehen, wo es vielleicht ein wenig mehr Stoff in der Länge sein darf, und kannst dies beim Zuschnitt beachten.

Alle Schnitte sind angelehnt an einen locker lässigen Oversize-Look. Nimm dir auf jeden Fall vor dem ersten Projekt ein Maßband und schau einmal hin, wo genau du dich mit deinen individuellen Körpermaßen wiederfindest.

SCHWIERIGKEITSGRADE

Sew Simple!

Sew Simple, aber schau hier und da auch mal ein wenig genauer hin!

Sew Simple, lass dich auf das Projekt ein und sei gewiss, du wirst es lieben!

PROJEKTE

FRÜHLING & SOMMER

Sommer, Sonne, Sonnenschein – ich liebe Frühling und Sommer. Ich liebe laue Sommerabende in guter Gesellschaft. Wenn ich nur daran denke, kann ich es förmlich riechen, und fühle luftig lockere Sommerstoffe wie Leinen, Musselin und Co.

SOMMERSHORTS

Eine Shorts für heiße Tage, aus Leinen, Musselin oder vielen anderen Stoffen – ganz nach deinem Geschmack. Mit dieser luftigen Hose kann der Sommer kommen und ein bequemes Teil in den Kleiderschrank einziehen. Mit Kordel zum Binden oder auffälligem Paperbagbund, du entscheidest und machst dir dieses Sommerteil zu eigen. Auch bei einer Shorts dürfen die Taschen nicht fehlen, sodass auch hier die einfache Version der Eingrifftaschen verarbeitet wird.

STOFFAUSWAHL

Musselin, Leinen, Baumwollgewebe, French Terry, Frotteejersey

- *In der Anleitung umgesetzt aus 100% Leinen.*

DAS BRAUCHST DU

Stoffverbrauch

- *140cm (bei einer Breite von 140cm)*

- *Gummiband (4cm Breite) für den Bauchbund*
- *Vlieseline H200 für die Tascheneingriffe*
- *Optional: Baumwollkordel*

ZUSCHNITT

- *Gib überall eine Nahtzugabe von 0,75cm hinzu.*
- *Gib am Bein eine Saumzugabe von 8cm für den Turn-up-Saum hinzu.*
- *Schnittmuster an der Markierung „hier abtrennen für Shorts“ eingekürzt.*

2x vorderes Hosenteil gegengleich
2x hinteres Hosenteil gegengleich
1x Bund im Bruch
2x Taschenbeutel vorne gegengleich
2x Taschenbeutel hinten gegengleich

- *Du findest alle Schnittteile auf SB 1.*
- *Übertrage dir auch alle Markierungen von den Schnittteilen auf deinen Stoff.*

Länge Gummiband

- *Miss das Gummiband individuell an dir ab. Denk dabei auch hier an die Nahtzugabe.*

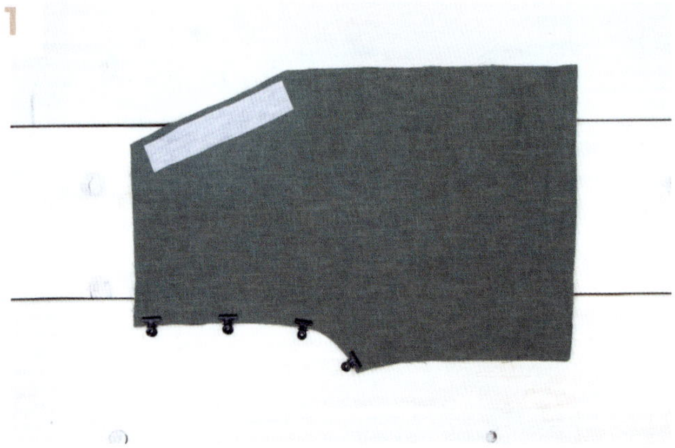

1. Lege dir die beiden vorderen Hosenteile rechts auf rechts aufeinander und schließe die vordere Schrittnaht. Bügele etwas Vlieseline H200 auf beiden Seiten an den entstehenden Tascheneingriff.

2. Bügele die vordere Schrittnaht aus (entscheide dich für eine Seite) und steppe sie zusätzlich knappkantig ab.

3. Nun nimmst du dir die vorderen Taschenbeutel. Fixiere sie jeweils rechts auf rechts an die Tascheneingriffe und nähe sie an beiden Seiten fest.

4. Klappe den Taschenbeutel jeweils nach hinten weg und steppe die entstandene Naht von rechts knapp-kantig ab.

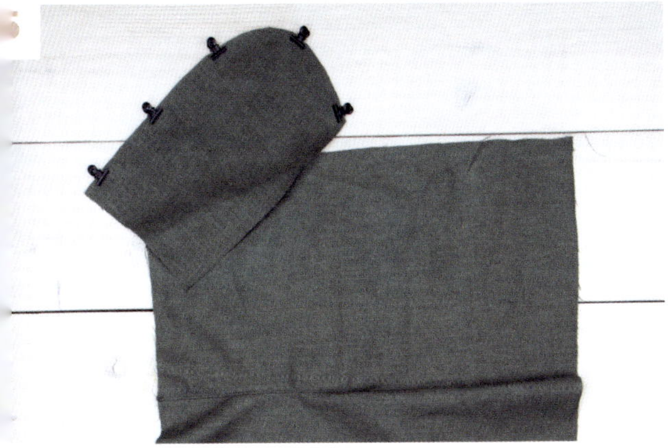

5. Nun kommen die hinteren Taschenbeutel hinzu und werden rechts auf rechts auf die ausgeklappten vorderen Taschenbeutel gelegt, gesteckt und in der Rundung entsprechend der Klammern im Bild festgenäht.

6. Lege die Taschen sorgfältig in Form. Für die leichtere Weiterverarbeitung kannst du die Taschen auch schon einmal an den markierten Stellen innerhalb der Nahtzugaben fixieren. Speziell bei Musselin kann es vorkommen, dass sich der Tascheneingriff wellt. Achte gut darauf, dass hier auch wirklich alles glatt liegt.

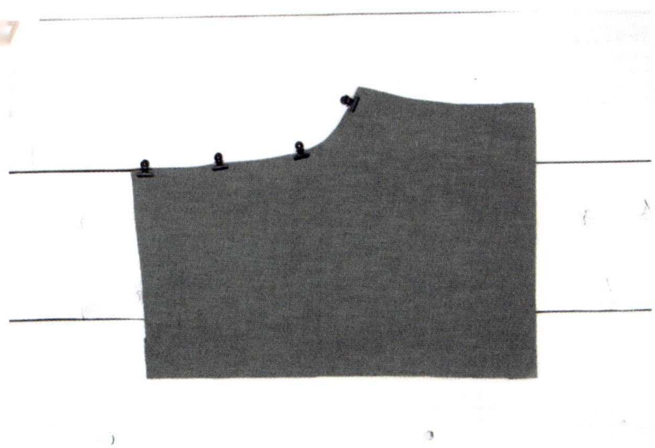

7. Lege nun die beiden hinteren Hosenteile rechts auf rechts aufeinander und schließe ebenfalls als Erstes die hintere Schrittnaht.

8. Bügele die Gesäßnaht nun aus (entscheide dich auch hier wieder für eine Seite) und steppe sie zusätzlich knappkantig ab. Fertig ist damit auch schon deine hintere Hose.

9

9. Lege die vordere Hose rechts auf rechts auf die hintere Hose und stecke dir die Seitennähte und die Schrittnaht aufeinander und nähe sie zusammen.

10

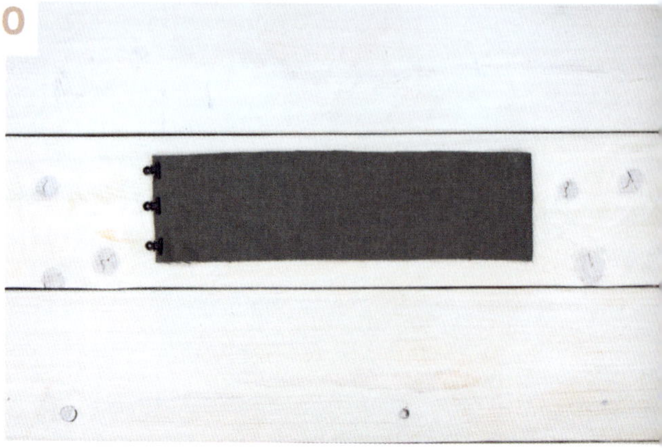

10. Falte nun den Bundstreifen im Bruch und nähe ihn an der kurzen Seite zusammen.

11

11. Falte den Bundstreifen der Länge nach links auf links und lege ihn rechts auf rechts an den oberen Bund der Hose. Lege nun nach Belieben auch die Kordel an der vorderen Schrittnaht zwischen Hose und Bundstreifen mit ein. Nähe einmal rundherum und lasse dir hinten eine Öffnung von etwa 5cm für das Gummiband.

12

12. Ziehe das Gummiband ein und vernähe Anfang und Ende sorgfältig mit einem elastischen Zickzackstich. Schließe dann die Öffnung. Das Gummiband fixiere ich immer zusätzlich mit ein paar Stichen in den Seitennähten, damit es sich beim späteren Waschen nicht verdreht.

13. Versäubere die Hosenbeine und bügele diese zweimal für etwa 4cm nach außen um. Fixiere den Aufschlag jeweils innen und außen in den Seitennähten sowie in der vorderen und hinteren Mitte der Hosenbeine mit ein paar Stichen.

14. Fertig ist deine schöne Shorts für warme Sommertage.

TIPP

HOSENBUND ALS PAPERBAG

Du zauberst einen tollen Paperbag-Bund, indem du den Bundstreifen in der Höhe verdoppelst und mit einer zusätzlichen Naht oberhalb des Gummibands einen Tunnel fertigst.

SHIRTKLEID

Ein Sommerkleid, das durch den wunderschönen Materialmix an Individualität nicht zu übertreffen ist. Hier kannst du mixen, was das Zeug hält, oder auch schlicht in gleichen Tönen bleiben. Ganz wie du magst, kreierst du aus diesem Schnitt für jeden Anlass und jede Jahreszeit ein ganz individuelles und zugleich urgemütliches Lieblingskleid. Auch die aufgesetzten Taschen lassen viel Spielraum für Kreativität: Du kannst sie als Hingucker farblich abheben, sie ganz schlicht Ton in Ton halten oder sogar ganz weglassen.

STOFFAUSWAHL

Oberteil: elastische Stoffe wie Rippjersey, Jersey, French Terry, Frottee
Rockteil: Webware wie Musselin, Leinen, Baumwollgewebe aller Art, aber natürlich auch elastische Stoffe, wenn du es lieber einheitlich zum Oberteil magst

- *In der Anleitung umgesetzt aus Rippjersey und Leinen, auf dem Foto aus Frotteejersey.*

DAS BRAUCHST DU

Stoffverbrauch

- *Oberteil: 80cm (bei einer Breite von 140cm)*
- *Rockteil: 120cm (bei einer Breite von 140cm)*

- *Optional: Knöpfe für die Taschen*
- *Optional: Framilonband*

ZUSCHNITT

- *Gib überall eine Nahtzugabe von 0,75cm hinzu.*
- *Gib an den Armen eine Saumzugabe von 2cm für den Turn-up-Saum hinzu.*

1x Vorderteil im Bruch
1x Rückteil im Bruch
1x Halsbündchen im Bruch
2x Tasche gegengleich
2x Rockteil: 60 x 95cm (rechteckig zuschneiden, ohne Schnittteil)
1x Ausschnittbeleg vorne im Bruch (optional)
1x Ausschnittsbeleg hinten im Bruch (optional)

- *Du findest alle Schnittteile auf SB 1.*
- *Alternativ kannst du auch Belege wählen, arbeite dann wie beim Oversize-Shirt.*
- *Übertrage dir auch alle Markierungen von den Schnittteilen auf deinen Stoff.*

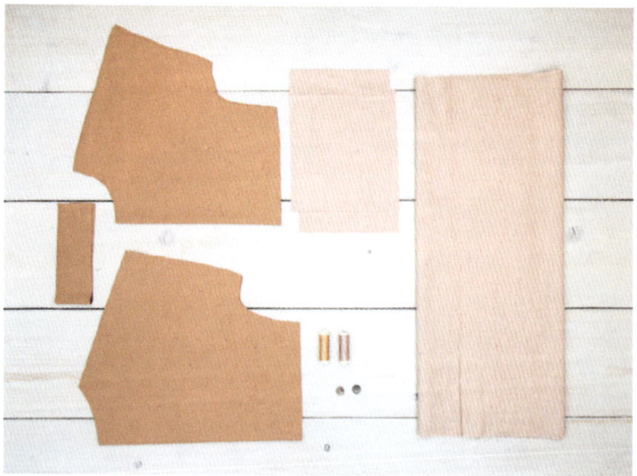

1. Vorder- und Rückteil liegen rechts auf rechts aufeinander. Stecke die Teile an beiden Schulter- sowie den Seitennähten zusammen und nähe sie aufeinander.

2. Schließe den Bündchenstreifen für den Halsausschnitt rechts auf rechts zu einem Ring.

3. Klappe den Ring links auf links aufeinander und stecke ihn rechts auf rechts an den Halsausschnitt. An dieser Stelle kannst du einen passenden Jerseystreifen zur Nackenversäuberung einarbeiten (siehe Seite 26). Nähe nun das Bündchen mit der Overlock oder dem Zickzackstich der Nähmaschine fest. Die Naht des Bündchens legst du dabei in die Seitennaht, dann schaust du bei deinem fertigen Shirt immer auf einen schönen Nacken.

4. Kommen wir nun zu den Armsäumen. Falte die Enden zweimal je 1 cm nach außen um, bügele den entstandenen Umschlag und nähe ihn in den Seitennähten fest. Ich setze auch in der vorderen und hinteren Mitte ein paar kurze Stiche, damit der Umschlag auch sicher an Ort und Stelle bleibt.

6

5. Nimm nun beide Rockteile und lege sie rechts auf rechts aufeinander. Nähe sie an den Seiten zusammen und versäubere die untere Kante.

6. Versäubere die Taschen rundherum und nähe den Umbruch von 5cm links auf links fest. Bringe nach Belieben auch hier schon die Knöpfe an.

8

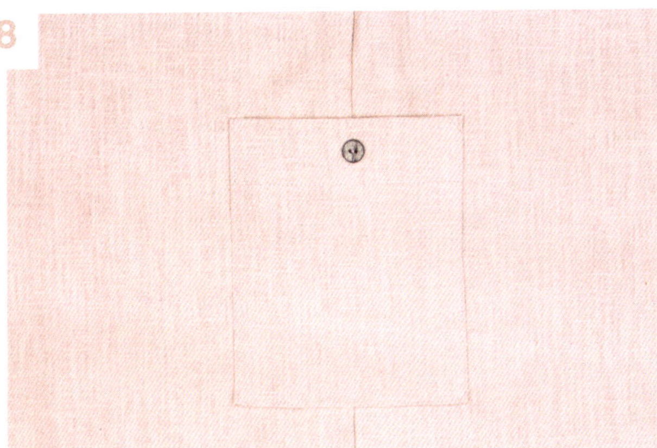

7. Bügele dir die versäuberten Kanten um und fixiere beide Taschen mit Wondertape, Stecknadeln oder einem Fixiermarker auf dem Rockteil. Ich bringe die Taschen so an, dass sie mittig über der Seitennaht liegen. Nähe die Taschen nun auf dem Rockteil fest.

8. Für eine gute Stabilität der Taschen setzt du an alle vier Ecken kleine Riegel. Ich nähe für die Optik noch einen Knopf außen auf die Tasche.

9

10

9. Die obere Kante des Rockteils wird nun auf den Umfang des Oberteils zusammengerafft. Zwei mögliche Varianten dazu findest du im vorderen Teil auf der Seite 24. Ich nutze hier das praktische Framilonband.

10. Jetzt finden Oberteil und Rock zueinander. Stecke den Rock nun rechts auf rechts an das Shirt. Achte darauf dass die Seitennähte von Shirt und Rock aufeinandertreffen. Nähe beide Teile mit einem elastischen Stich oder de Overlock zusammen.

11

12

11. Im letzten Schritt muss nun nur noch der Rock gesäumt werden. Ich schlage die versäuberte Kante knapp doppelt ein und steppe den entstandenen Saum ab.

12. Fertig ist dein gemütliches Kleid für warme Tage im Frühling und Sommer.

TIPP

Nimm den Latz der Salopette und den Rock vom Shirtkleid und zaubere dir ein wunderschönes Latzkleid.

OVERSIZE-SHIRT

Dieses Shirt basiert auf einem coolen, lockeren Schnitt und ist perfekt für heiße Tage im Frühling und Sommer. Die tollen Eigenschaften des Musselins vereint mit einem einfach umzusetzenden und bequemen Schnitt für jeden Tag. Gerade geschnitten und ohne viel Schnickschnack wird das Shirt zu einem echten Alltagsliebling in deinem Kleiderschrank. Etwas sportlicher mit einem klassischen Bündchen oder ein wenig eleganter mit Halsbelegen – du hast die Wahl.

STOFFAUSWAHL

Musselin, Leinen, Baumwollgewebe, aber auch Jersey, Frotteejersey u.v.m.

- *In der Anleitung umgesetzt aus Musselin.*

DAS BRAUCHST DU

Stoffverbrauch

- *140cm (bei einer Breite von 140cm)*

- *Optional: 5cm Bündchenware*

ZUSCHNITT

- *Gib rundherum eine Nahtzugabe von 0,75cm hinzu.*
- *Gib an den Armen eine Saumzugabe von 3cm hinzu.*
- *Gib an der unteren Kante eine Saumzugabe von 3cm hinzu.*

Hauptstoff

1x Vorderteil im Bruch
1x Rückteil im Bruch
1x vorderer Beleg im Bruch
1x hinterer Beleg im Bruch

Bündchenstoff

Alternativ zu Belegen: 1x Halsbündchen im Bruch

- *In den Größen 44–50 hat das Oberteil Abnäher, die du, wie auf Seite 23 erklärt, nähst, bevor du mit Schritt 1 startest.*
- *Du findest alle Schnittteile auf SB 1.*
- *Wenn du die Halsbündchenvariante wählst, arbeite wie beim Shirtkleid.*
- *Übertrage dir auch alle Markierungen von den Schnittteilen auf deinen Stoff.*

1

2

1. Lege Vorder- und Rückteil rechts auf rechts aufeinander und stecke sie an den Schultern und Seiten zusammen. Nähe die gesteckten Teile zusammen und wende das Oberteil auf die rechte Seite. In den Größen 44–50 werden zuerst die Abnäher gearbeitet (siehe Seite 23).

2. Lege die Belegteile für Vorder- und Rückteil ebenfalls rechts auf rechts aufeinander und nähe sie entlang der Klammern an den kurzen Seiten zusammen.

3

4

3. Stecke den Beleg nun rechts auf rechts an das Vorderteil und nähe ihn einmal rundherum am Halsausschnitt fest. Ein paar nähere Erläuterungen zum Annähen von Belegen findest du auch im Grundlagenteil auf Seite 32.

4. Schlage den Beleg nach innen und bügele dir die Naht glatt. Steppe nun einmal knappkantig rund um den Halsausschnitt ab, sodass der Beleg nicht mehr hervortreten kann. Ich fixiere ihn meist zusätzlich mit ein paar wenigen Stichen in den Seitennähten.

5. Versäubere die Armabschlüsse sowie den unteren Saum.

TIPP

Wer einen beidseitig gemusterten Stoff hat, kann an den Ärmeln auch einen Turn-up-Saum wie beim Shirtkleid machen.

6. Kommen wir nun zu den Armsäumen. Schlage die Enden dafür zweimal 1,5cm nach innen um und steppe sie in den Seitennähten und der vorderen und hinteren Mitte mit ein paar Stichen fest.

7. Am unteren Saum klappe ich die versäuberte Kante ebenfalls lediglich zweimal knapp ein und steppe sie rundherum mit einem Geradstich ab.

8. Fertig ist dein lässiges Oversize-Shirt.

MUSSELINCULOTTE

Die Musselinculotte ist mein absolutes Lieblingsteil im Sommer. Sie ist im Nu genäht, sitzt wunderbar luftig und locker, macht jedes Abenteuer mit und macht zudem in Kombination mit einem schönen Shirt auch noch eine super Figur. Ich liebe sie in allen möglichen Stoffvariationen. Luftig in Musselin, Leinen und unterschiedlichen Baumwollgeweben für den Sommer, aber genauso cool und gemütlich aus Cord und festen Hosenstoffen für den Herbst. Dank der simpel genähten Eingrifftaschen wird diese Hose sicher auch schnell zu einem deiner Lieblingsteile im Kleiderschrank.

STOFFAUSWAHL

Musselin, aber auch alle anderen Sommerstoffe wie Leinen, Baumwollgewebe oder im Herbst auch cool aus Cord, Jeans und anderen festen Hosenstoffen

- *In der Anleitung umgesetzt aus Musselin.*

DAS BRAUCHST DU

Stoffverbrauch

- *200 cm (bei einer Breite von 140 cm)*

- *Gummiband (4 cm Breite) für den Bauchbund*
- *Vlieseline H200 für die Tascheneingriffe*

ZUSCHNITT

- *Gib überall eine Nahtzugabe von 0,75 cm hinzu.*
- *Gib an den Beinen unten eine Saumzugabe von 2 cm hinzu.*

2x vorderes Hosenteil gegengleich
2x hinteres Hosenteil gegengleich
1x Bund im Bruch
2x Taschenbeutel vorne gegengleich
2x Taschenbeutel hinten gegengleich

Länge Gummiband

- *Miss das Gummiband individuell an dir ab. Denk dabei auch hier an die Nahtzugabe.*

- *Du findest alle Schnittteile auf SB1.*
- *Übertage dir auch alle Markierungen von den Schnittteilen auf deinen Stoff.*

1

2

1. Lege dir die beiden vorderen Hosenteile rechts auf rechts aufeinander und schließe die vordere Schrittnaht. Bügele etwas Vlieseline H200 auf beiden Seiten an die entstehenden Tascheneingriffe.

2. Klappe die vordere Schrittnaht auf eine Seite und steppe sie zusätzlich auf der rechten Seite knappkantig ab.

3

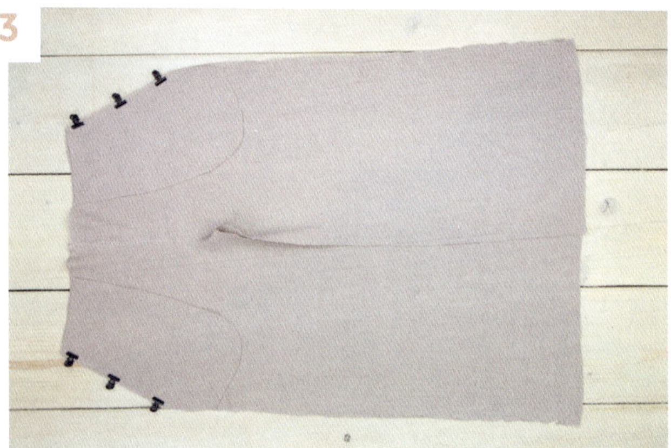

4

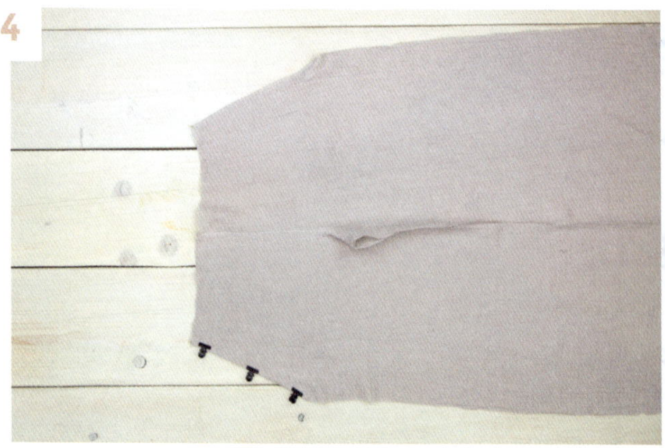

3. Nun nimmst du dir die vorderen Taschenbeutel. Fixiere sie jeweils rechts auf rechts an die Tascheneingriffe und nähe sie an beiden Seiten fest.

4. Klappe die Taschenbeutel jeweils nach hinten weg und steppe die entstandene Naht von rechts knappkantig ab.

TIPP

Lege Vorderhose und hinteren Taschenbeutel beim Zuschnitt zusammen und du kannst die Hose auch blitzschnell ohne Taschen nähen.

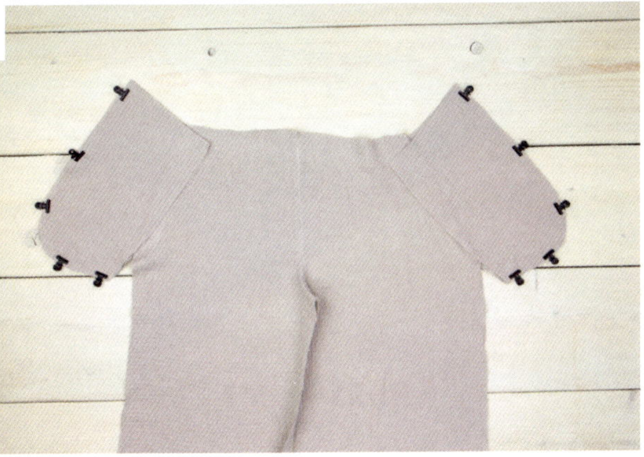

5. Nun kommen die hinteren Taschenbeutel hinzu und werden rechts auf rechts auf die ausgeklappten vorderen Taschenbeutel gelegt, gesteckt und in der Rundung entsprechend der Klammern im Bild festgenäht.

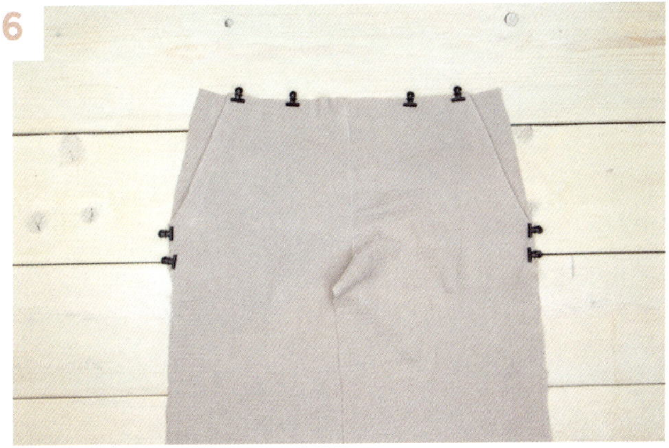

6. Lege die Taschen sorgfältig in Form. Für die leichtere Weiterverarbeitung kannst du die Taschen auch schon einmal an den markierten Stellen in den Nahtzugaben fixieren. Speziell bei Musselin kann es vorkommen, dass sich der Tascheneingriff wellt. Achte gut darauf, dass hier auch wirklich alles glatt liegt. Das vordere Hosenteil ist damit schon einmal fertig.

7. Lege nun die beiden hinteren Hosenteile rechts auf rechts aufeinander und schließe ebenfalls als Erstes die hintere Schrittnaht.

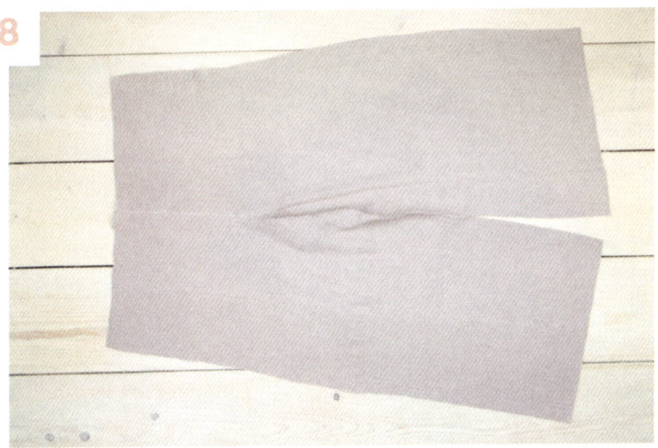

8. Klappe die Gesäßnaht nun auch auf eine Seite und steppe sie zusätzlich knappkantig auf der rechten Stoffseite ab. Fertig ist damit auch schon deine hintere Hose.

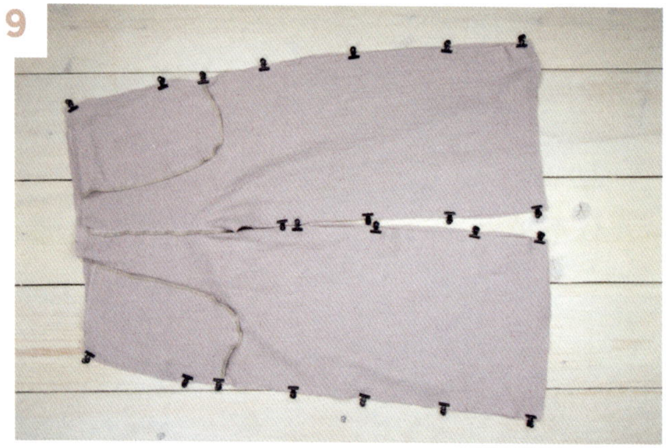

9. Lege die vordere Hose rechts auf rechts auf die hintere Hose, stecke die Seitennähte und die Schrittnaht aufeinander und nähe sie zusammen.

10. Falte nun den Bundstreifen im Bruch und nähe ihn an der kurzen Seite zusammen.

11. Falte den Bundstreifen der Länge nach links auf links und fixiere ihn rechts auf rechts am oberen Bund der Hose. Nähe nun einmal rundherum und lasse dir hinten eine Öffnung von etwa 5cm für das Gummiband.

12. Ziehe das Gummiband ein und vernähe die Enden sorgfältig.

3. Schließe dann die Öffnung. Das Gummiband fixiere
ch immer zusätzlich mit ein paar Stichen in den Seiten-
ähten, damit es sich beim späteren Waschen nicht ver-
reht.

14

14. Versäubere nun die Beinsäume, schlage sie zweimal knapp ein und steppe sie ringsherum ab.

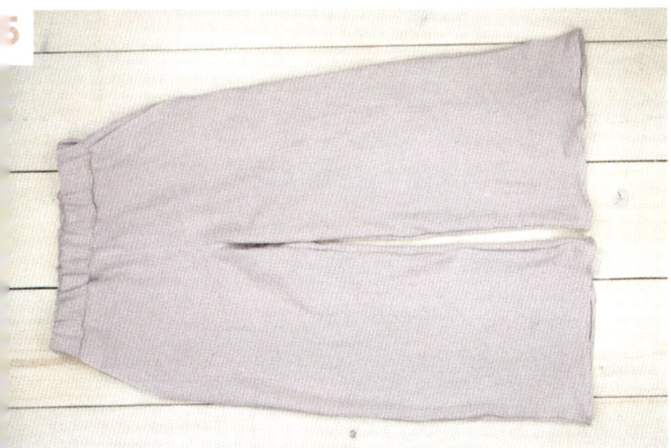

5. Fertig ist deine luftig-lockere Musselinculotte.

OVERSIZE-HEMDBLUSE

Ich liebe, liebe, liebe diesen Schnitt. Ein Hemd, das dich durch das ganze Jahr begleitet. Als luftige Musselinbluse am Strand oder als festere Cordvariante, oversize geschnitten und so easy genäht wirst auch du diesen Schnitt bestimmt schnell zu deinen Favoriten zählen. Du wählst zwischen einem geraden oder geschwungenen Saum im Vorderteil und nähst diese Bluse aus den unterschiedlichsten Stoffen. Ein echter Allrounder eben.

STOFFAUSWAHL

Musselin, Leinen und alle Arten von Webware, Cord, Flanell, Denim, Frottee-, Cordjersey u.v.m.

- *In der Anleitung umgesetzt aus Cord, auf dem Foto rechts aus Musselin.*

DAS BRAUCHST DU

Stoffverbrauch

- *200cm (bei einer Breite von 140cm)*
- *Vlieseline H250 für die Knopfleiste und die Manschetten*

- *9 Holzknöpfe, alternativ Druckknöpfe*

ZUSCHNITT

- *Gib überall eine Nahtzugabe von 0,75cm hinzu.*
- *Gib an der optionalen Brusttasche an der oberen Kante eine Saumzugabe von 2cm hinzu.*
- *Gib an der unteren Kante von Rückteil und Vorderteilen eine Saumzugabe von 1,5cm hinzu.*

2x Vorderteil gegengleich
1x Rückteil oben im Bruch
1x Rückteil unten im Bruch
2x Ärmel vorne gegengleich
2x Ärmel hinten gegengleich
2x Brusttasche (optional)
2x Taschenklappe im Bruch (optional)
1x oberer Kragen im Bruch
1x unterer Kragen im Bruch
2x Manschette im Bruch
1x Versäuberungsstreifen (optional)

- *Du findest alle Schnittteile auf SB4.*
- *Übertrage dir auch alle Markierungen von den Schnittteilen auf deinen Stoff.*

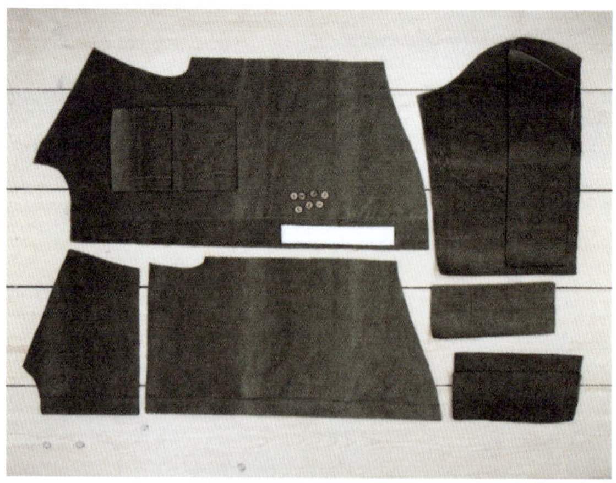

1. Wir starten mit den Taschenklappen. Wenn du keine Taschen möchtest, so starte direkt bei Schritt 4. Lege die Klappen der Länge nach rechts auf rechts aufeinander und nähe sie an allen drei Seiten zusammen. Lasse oben eine Wendeöffnung von etwa 4cm. Wende die Klappen auf die rechte Seite und steppe die kurzen Seiten und die untere Kante knappkantig ab. Die Wendeöffnung schließt sich später automatisch beim Aufnähen auf das Hemd.

2. Versäubere die Brusttaschen rundherum. Klappe die obere Kante um 2cm nach hinten um und steppe den Umschlag ab.

3. Nun kommen die Taschen auf die Vorderteile. Ich nutze hier einen praktischen Fixierstift, alternativ kannst du aber auch ganz klassisch Stecknadeln nutzen. Klappe dafür die versäuberten Kanten nach hinten weg und fixiere die Taschen an der dafür vorgesehenen Stelle. Nähe nun alle drei Seiten sowie die beiden Taschenklappen auf den Vorderteilen fest. Die Ecken fixiere ich zusätzlich mit diagonalen Nähten.

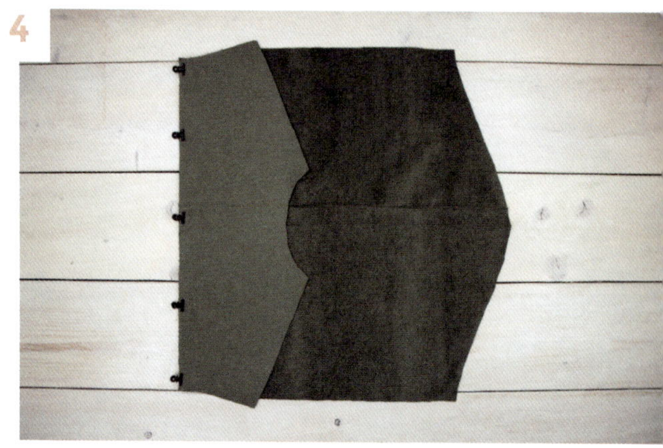

4. Jetzt geht es an das Rückteil. Lege dafür das obere Teil rechts auf rechts auf das untere Teil, stecke und nähe es dann fest. Steppe diese Naht noch einmal von der rechten Seite knappkantig ab.

6

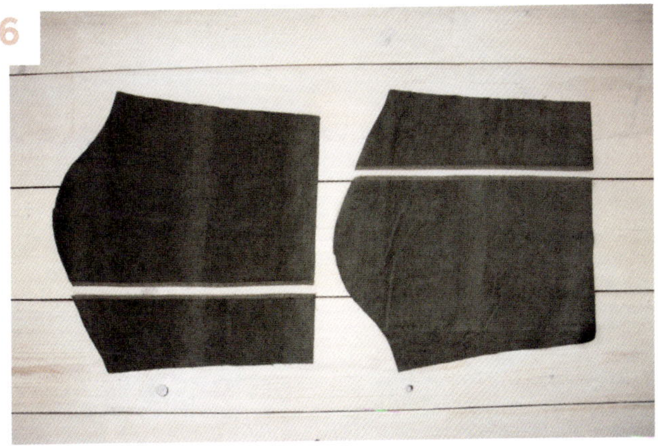

5. Lege das Rückteil mit der rechten Seite nach oben vor dich. Lege die beiden Vorderteile rechts auf rechts auf das Rückteil und schließe im ersten Schritt die Schulternähte.

6. Jetzt geht es an die Ärmel. Aufgrund des Schlitzes am Armsaum ist der Arm zweigeteilt. Im ersten Schritt werden die beiden Kanten, an denen der Ärmel jeweils zusammengesetzt wird, separat versäubert.

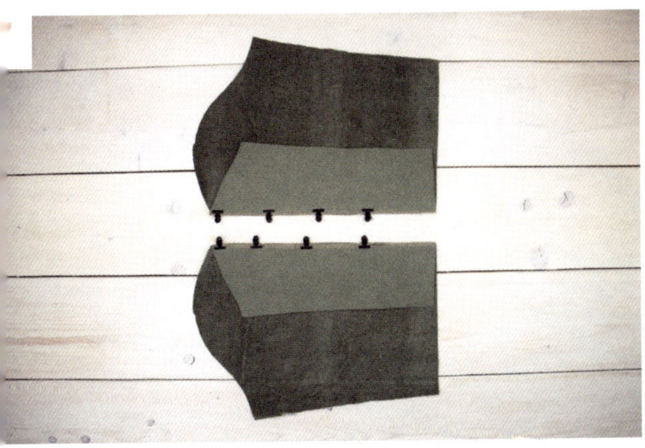

8

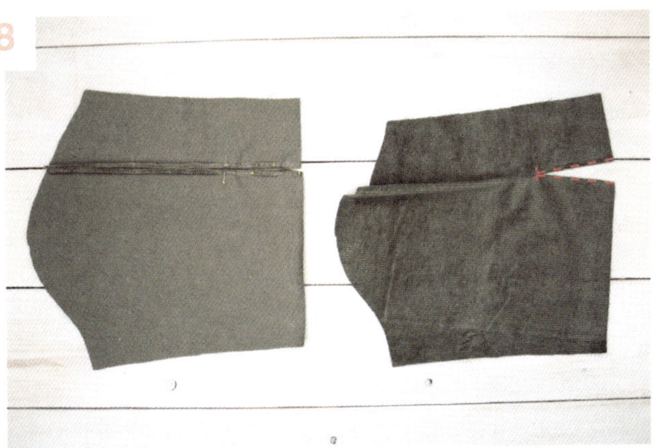

7. Erst jetzt nähst du die beiden Ärmel mit einem Geradstich zusammen. Achte darauf, dass du wirklich hinter der Versäuberungsnaht nähst, damit diese von außen nicht sichtbar ist. Stoppe an der Markierung für den Schlitz.

8. Nun noch zum Schlitz. Klappe die versäuberte Nahtzugabe auseinander und stecke sie innen mit Stecknadeln fest. Nähe diese dann entsprechend der Linie fest. Du startest unten am Saum, hoch zum Schlitzanfang, Nadel in den Stoff, Stoff um 90 Grad drehen, ein paar Stiche, wieder um 90 Grad wenden, dann auf der anderen Seite zurück zum Saum.

9

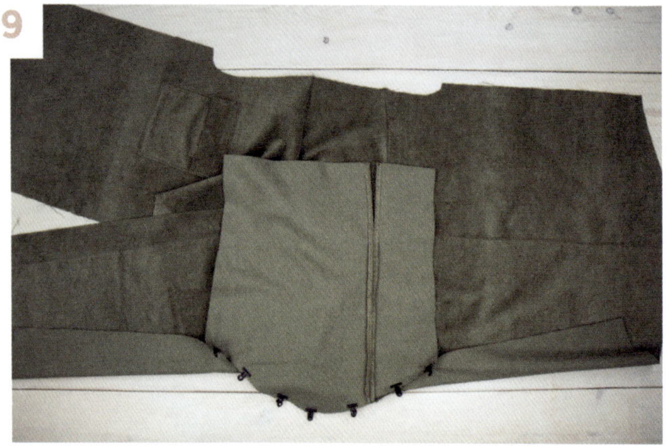

10

9. Lege dir nun das Hemd mit der rechten Seite nach oben. Setze beide Ärmel in die Armausschnitte, fixiere sie mit Klammern und nähe sie fest. Achte auf die Markierungen im Schnittmuster.

10. Schließe nun die Ärmel- und Seitennähte in einem Schritt. Mache das auf beiden Seiten der Bluse.

11

12

11. Lege beide Kragenteile rechts auf rechts aufeinander und schließe die zwei kurzen Seiten und die lange obere Seite. Kürze die Nahtzugabe in den Ecken ein, damit du den Kragen gut ausarbeiten kannst.

12. Wende und bügele den Kragen und steppe ihn zum Schluss knappkantig ab.

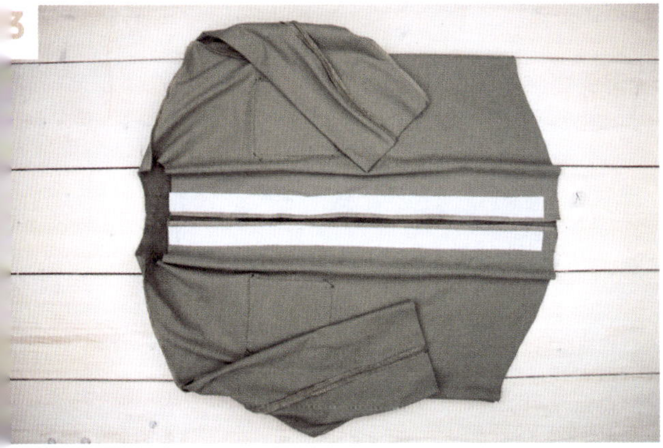

13. Jetzt kommt der Kragen an das Hemd. Bügele dir vorab noch Vlieseline auf die beiden vorderen Kanten und versäubere diese im gleichen Schritt.

14. Fixiere den Kragen rechts auf rechts am Halsausschnitt. Der Unterkragen muss auf dem Hemd liegen. Du nähst von der vorderen Mitte der einen Seite und endest in der vorderen Mitte der anderen Seite. Du kannst hier auch einen Versäuberungsstreifen mitlaufen lassen (siehe Seite 26). Da die Knopfleiste über dem Streifen liegt, brauchst du hier keinen Umschlag an Anfang und Ende. Lasse den Streifen einfach rechts auf rechts mitlaufen.

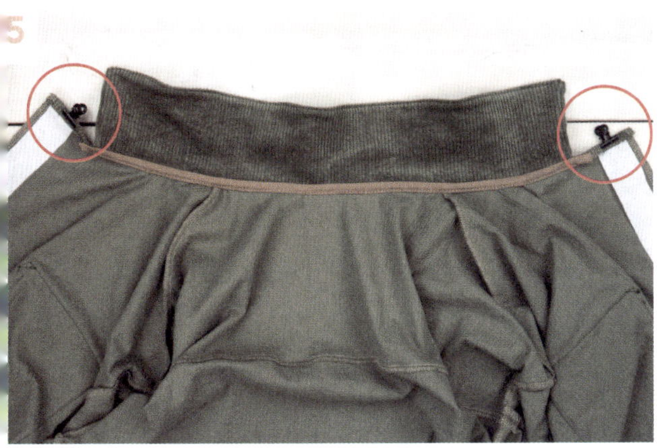

15. Nachdem du den Streifen eingeschlagen und abgesteppt hast, sollte es am Kragen nun so aussehen. Die Nahtzugaben oberhalb der Knopfleiste (Klammer) bügelst du nun nach innen (auf die linke Seite) ein.

16. Klappe die Knopfleiste auf die linke Stoffseite und schlage dabei die versäuberte Kante nach innen ein. Stecke die Knopfleisten so auf beiden Seiten fest und fixiere sie mit einem Geradstich entlang der Stecknadeln. Starte ganz oben an der umgebügelten Kante am Kragen entlang und dann um die Ecke über die gesamte Knopfleiste bis zum unteren Saum.

17. Jetzt noch die Manschetten. Bügele an die Stellen, wo Knopflöcher und Knöpfe ihren Platz finden, ein wenig Vlieseline H250 auf. Klappe die Manschette der Länge nach rechts auf rechts und schließe im gleichen Schritt die kurzen Seiten.

18. Wende beide Manschetten und stecke sie rechts auf rechts an die offenen Ärmelsäume. Die Weite der Ärmel reduzierst du, indem du die Saumkante des Ärmels in Falten legst. Nähe die Manschetten an. Wenn du an der Overlock nähst, ziehst du die Overlockraupen in die Naht, so sind sie sicher versteckt.

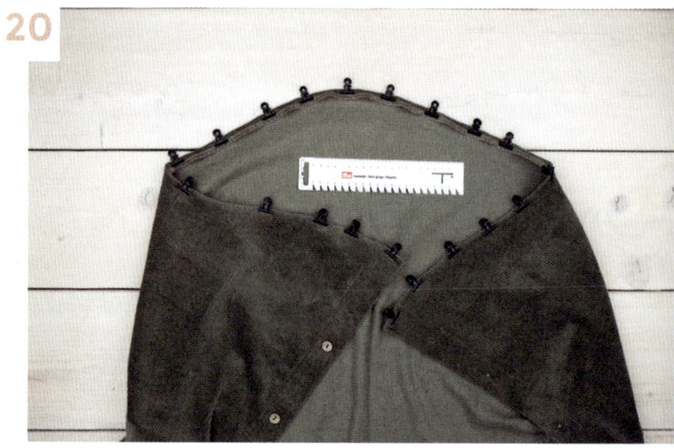

19. Fertige nun noch die Knopflöcher und bringe die Knöpfe an. Eine Anleitung dazu findest du auf Seite 30. Die Knöpfe auf den Brusttaschen sind lediglich Fakeknöpfe.

20. Als letzten Schritt versäuberst du die untere Kante, schlägst diese 1,5cm ein und steppst sie mit der Nähmaschine ab.

TIPP

In der Taille mit Bindebändern und um ein gutes Stück verlängert, zauberst du aus diesem Schnitt auch ein tolles Strandkleid.

LEINENKLEID

Aus diesem Kleid kannst du einfach alles machen. So wandelbar und vielfältig, dass du aus nur einem Schnitt eine Vielzahl an Kleiderkombinationen zaubern kannst. Alleine der Arm hat drei Möglichkeiten der Umsetzung. Ob mit überschnittener Schulter wie beim Oversize-Shirt, einer mittleren Ellbogenlänge oder dem langen Arm für den Herbst – drei Varianten, drei verschiedene Kleider. Das alles in Kombination mit zwei Rocklängen und deinen Lieblingskleidern steht nichts mehr im Weg.

STOFFAUSWAHL

Alle Arten von Webware, wie Musselin, Leinen, Viskose, Popelin, Feincord, u.v.m.

- *In der Anleitung umgesetzt aus 100% Leinen.*

DAS BRAUCHST DU

Stoffverbrauch

- *mit langem Rock: 310cm (bei einer Breite von 140cm)*
- *mit kurzem Rock: 250cm (bei einer Breite von 140cm)*

- *4 Knöpfe, alternativ Druckknöpfe*
- *Vlieseline H250 für die Knopfleisten*
- *Optional: Framilonband*

ZUSCHNITT

- *Gib überall eine Nahtzugabe von 0,75cm hinzu.*
- *Gib an der unteren Kante eine Saumzugabe von 1,5cm hinzu.*
- *Gib am Arm eine Saumzugabe von 1,5cm hinzu.*

- *In der Anleitung wird die Kleidvariante mit angesetztem langem Arm und langem Rockteil gezeigt. Die Verarbeitung der Variante mit kurzem (überschnittenem) Arm ist identisch zum Oversize-Shirt. Möchtest du diese Version nähen, orientiere dich einfach dort an der Anleitung.*

2x Vorderteil gegengleich
(hier Variante angesetzter Arm)
1x Rückteil im Bruch
(hier Variante angesetzter Arm)
1x Beleg Rückteil im Bruch
2x Beleg Vorderteil gegengleich
2x Ärmel gegengleich
4x Taschenbeutel (davon je 2x gegengleich)
2x Rock im Bruch

- *Du findest alle Schnittteile auf SB2.*
- *Übertrage dir auch alle Markierungen von den Schnittteilen auf deinen Stoff.*

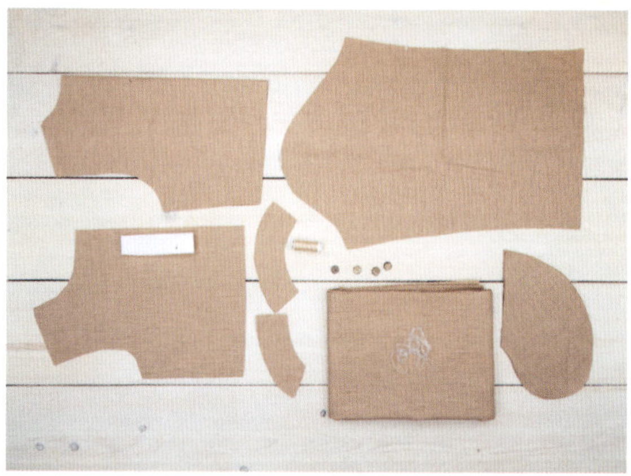

TIPP

Aus dem langen Rockteil kannst du dir im Nu einen wunderbaren Sommerrock zaubern. Oben 10 cm Saum zugeben, umschlagen, absteppen, Gummi rein – fertig!

1. Du startest mit den beiden Vorderteilen. Bügele je einen Streifen Vlieseline H250 auf die beiden Knopfleisten. Jetzt brauchst du das Rückteil. Dieses liegt mit der rechten Seite nach oben. Lege die beiden Oberteile rechts auf rechts auf und schließe die Schulternähte entlang der Klammern.

2. Nun geht es weiter mit den drei Belegteilen. Der Beleg vom Rückteil liegt mit der rechten Seite nach oben vor dir. Die beiden Teile vom Vorderteil legst du nun rechts auf rechts auf den rückwärtigen Beleg. Schließe beide Schulternähte entlang der Klammern. Eine genaue Anleitung findest du auch auf Seite 32.

3. Nun kommt das gesamte Belegteil an das im ersten Schritt entstandene Oberteil. Stecke den Beleg rechts auf rechts um den Halsausschnitt herum und nähe ihn fest.

4. Klappe den Beleg auf die linke Seite, also nach innen, und bügele ihn sorgfältig aus. Bügele hier auch direkt die Nahtzugabe der Knopfleiste mit nach hinten. Versäubere den Beleg sowie die Knopfleisten der beiden Vorderteile.

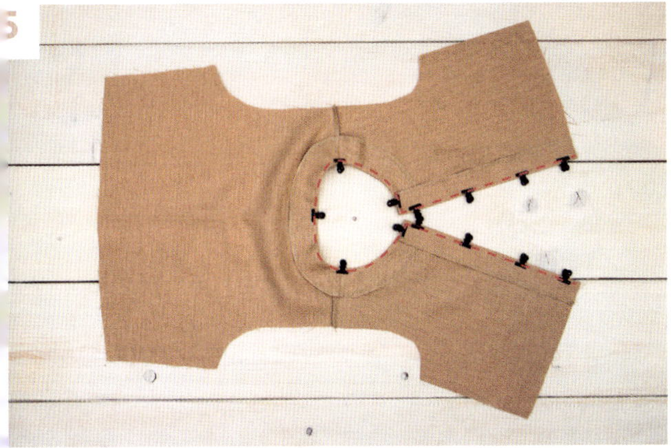

5. Stecke die Knopfleisten der Vorderteile auf die linke Seite, sodass diese über dem Halsbeleg liegen und ihn mit einfassen. Steppe alles komplett beginnend bei der Knopfleiste, über den Halsausschnitt bis zur anderen Knopfleiste knappkantig ab.

6. Fertige nun die Knopflöcher auf dem linken Vorderteil. Eine genaue Anleitung zum Nähen von Knopflöchern findest du auf Seite 30. Bringe dabei auch direkt die Knöpfe mit an. Schließe die Knöpfe, damit beim weiteren Nähen die Schichten sauber übereinanderliegen.

7. Nun kommen die Ärmel in die Armkugeln. Stecke diese rechts auf rechts entsprechend der Markierungen fest und nähe sie an.

8. Schließe nun die Seitennähte ausgehend vom Armsaum über die Achsel bis zur unteren Saumkante des Vorderteils.

9

10

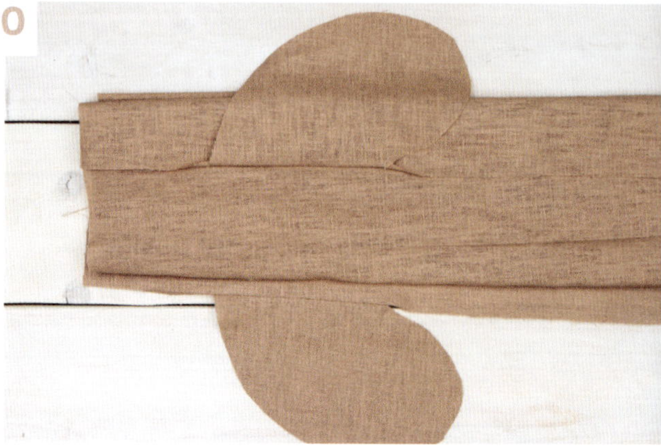

9. Als Nächstes kümmern wir uns um den Rock. Wir starten mit den Taschen auf einem der beiden Rockteile. Lege zwei der vier Taschenbeutel auf die rechte Seite auf Höhe der Markierungen auf. Fixiere sie an den Seiten und nähe sie dort fest. Zur besseren Sichtbarkeit liegen hier zwei andersfarbige Taschenbeutel, vernäht werden aber die gleichfarbigen aus Leinen. Verfahre auf exakt diese Weise auch beim zweiten Rockteil.

10. Bügele die entstandenen Nähte auf der rechten Seite aus, sodass sich die Taschen später gut nach innen einschlagen lassen.

11

12

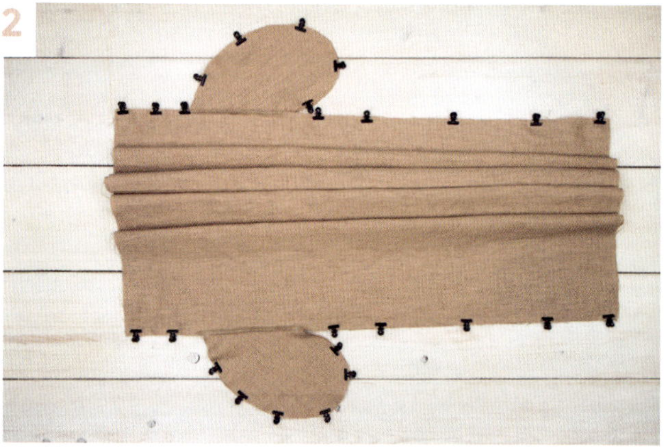

11. Lege nun beide Rockteile rechts auf rechts aufeinander. Die Taschenbeutel klappst du dabei nach außen, sodass auch hier beide Beutelteile bündig übereinanderliegen. Die Nähte der Taschenbeutel liegen dabei direkt aufeinander und zeigen in die gleiche Richtung. Die markierten Stellen nähe ich vorab an der Nähmaschine, damit hier nichts verrutscht.

12. Verschließe nun beide Seiten inklusive der Taschenbeutel.

3

14

13. Kommen wir nun zum Raffen der oberen Kante. Ich nutze hier ein sogenanntes Framilonband in der Weite des Oberteils. Das Band steckst du rundum in der Nahtzugabe der oberen Kante fest und nähst es dort mit einem langen Stich von etwa 5 mm rundum gedehnt an. Schon ist dein Rockteil wunderbar gerafft und es kann weitergehen. Eine genaue Anleitung dazu findest du auf Seite 24.

14. Nun kommen Oberteil und Rock zum Kleid zusammen. Stecke das Oberteil rechts auf rechts an die obere geraffte Kante vom Rock. Markiere dir mit Klammern zuerst die Seiten und die vordere und hintere Mitte vom Rock. Achte darauf, dass diese Stellen auch auf die passenden Stellen vom Oberteil treffen. Achte zudem darauf, dass die Naht unterhalb der Naht vom Framilonband liegt, damit diese von außen nicht sichtbar ist.

5

16

15. Versäubere nun den unteren Saum, schlage ihn knapp doppelt ein und steppe ihn mit einem Geradstich an der Nähmaschine ab.

16. Versäubere beide Armsäume und arbeite auch hier noch einmal mit dem praktischen Framilonband. Lege es direkt in die versäuberte Kante und nähe es gedehnt (wieder mit langem Stich) rundherum fest. Danach schlägst du den Saum doppelt ein und nähst erneut einmal rundherum. Fertig!

WICKELBLUSE

Die Wickelbluse für laue Sommerabende. Luftiger Stoff und locker in der Passform begleitet dich dieses Teil in den unterschiedlichsten Lebenslagen. Durch die Raffung im Oberteil umschmeichelt sie deine Taille und endet locker fallend auf der Hüfte. Innen und außen gebunden kannst du hierdurch wunderbar die Weite regulieren und sie dir zu eigen machen. In Kombination mit Rock, Shorts oder lässiger Jeans ist die Bluse absolut wandelbar in ihrem Look. Hast du die erste genäht, wird es sicher nicht bei einer bleiben.

STOFFAUSWAHL

Musselin, Popelin, leichte Baumwollstoffe

- *In der Anleitung umgesetzt aus Musselin.*

DAS BRAUCHST DU

Stoffverbrauch

- *210cm (bei einer Breite von 140cm)*

- *Gummiband (1cm Breite) für Saum und Ärmelsäume*

ZUSCHNITT

- *Gib überall eine Nahtzugabe von 0,75cm hinzu.*
- *Die Belege des Vorderteils sind im Schnittmuster gleich mitangeschnitten.*

2x Vorderteil gegengleich
1x Rückteil im Bruch
2x Ärmel gegengleich
1x Beleg hinterer Halsausschnitt im Bruch
4x Bindeband
2x Gummiband in Handgelenksweite
1x Gummiband in Taillenweite

- *Du findest alle Schnittteile auf SB2.*
- *Übertrage dir auch alle Markierungen von den Schnittteilen auf deinen Stoff.*

Länge Gummiband

- *Miss das Gummiband individuell an dir ab. Denk dabei auch an die Nahtzugabe.*

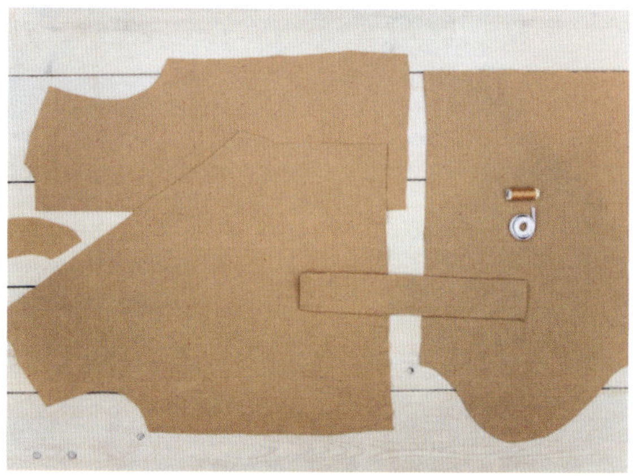

1

2
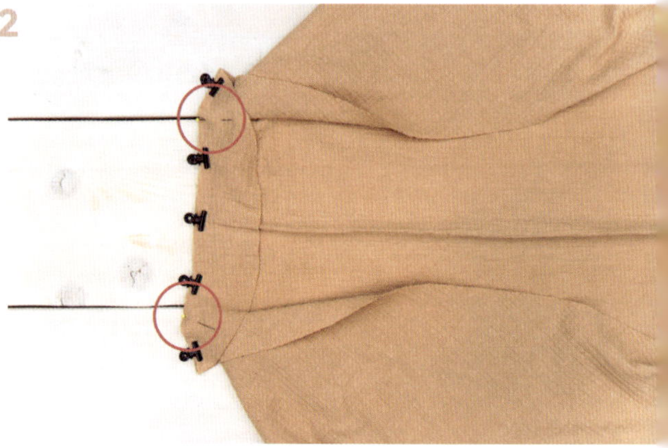

1. Lege beide Vorderteile mit der rechten Seite nach oben vor dir aus. Darauf legst du dann rechts auf rechts das Rückteil. Schließe im ersten Schritt die Schulternähte. Achtung: Nähe hier nur die Schulternaht, noch NICHT den Beleg. Die Belege der beiden Vorderteile schauen hier an beiden Seiten nach oben raus und werden noch nicht eingearbeitet.

2. Nun kommt der hintere Halsausschnittbeleg hinzu und trifft auf die Belege der beiden Vorderteile. Ich arbeite hier an der Nähmaschine, damit sich diese Naht im Anschluss schön ausarbeiten lässt. An den beiden Markierungen treffen Halsbeleg und Vorderteilbelege aufeinander und es geht mit der Nadel um die Ecke. Nähe hier langsam und sorgfältig, umso schöner ist das Ergebnis.

3
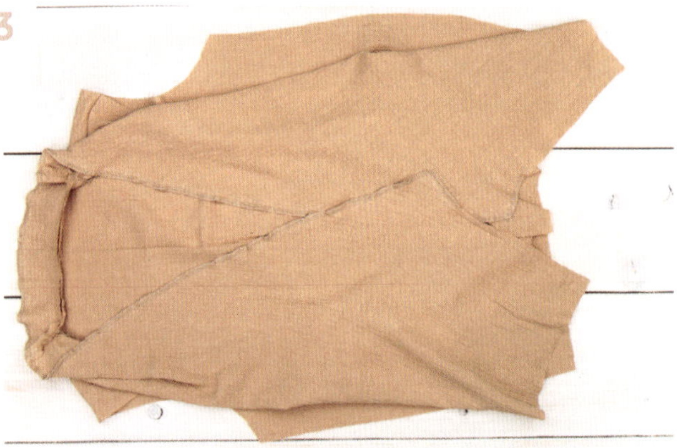

4
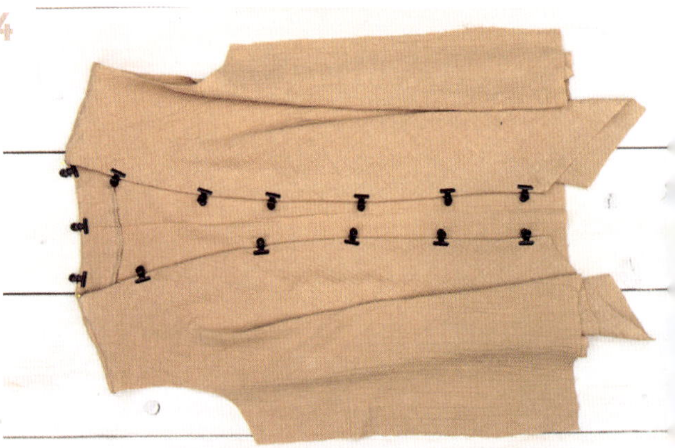

3. Nun versäuberst du die im letzten Schritt entstandene komplette vordere Belegkante.

4. Klappe den Beleg nun auf die linke Seite und fixiere ihn mit Klammern oder Stecknadeln. Nähe den Beleg über die gesamte Länge fest. Du kannst hier ganz knappkantig absteppen oder nähfußbreit, wie ich es mache. Das ist Geschmackssache.

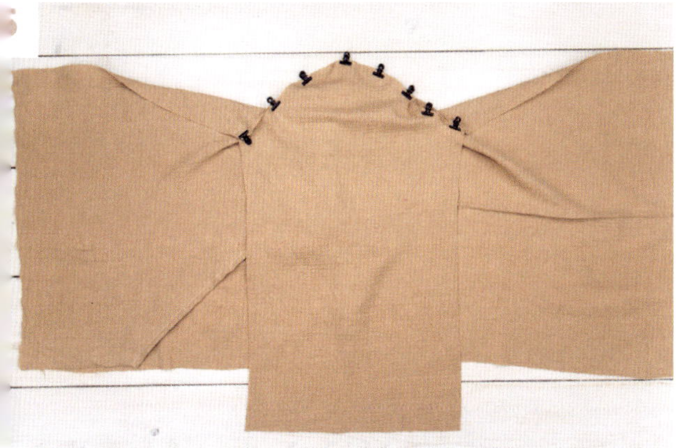

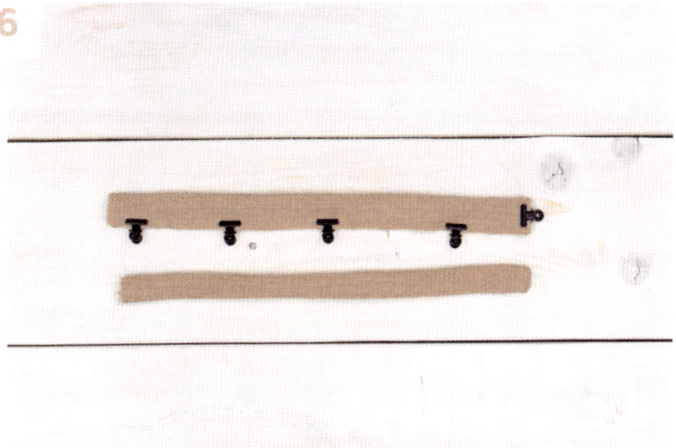

5. Lege die Teile nun mit der rechten Seite vor dir aus. Stecke einen Ärmel laut Markierungen in die Armkugel und nähe diesen fest. Verfahre auf gleiche Weise mit dem anderen Ärmel.

6. Als Nächstes sind nun die Bindebänder dran. Fertige alle vier auf die gleiche Weise. Klappe sie rechts auf rechts der Länge nach und nähe sie entlang der langen sowie einer kurzen Seite zusammen. Zum Schluss wendest du alle vier Bänder auf die rechte Seite.

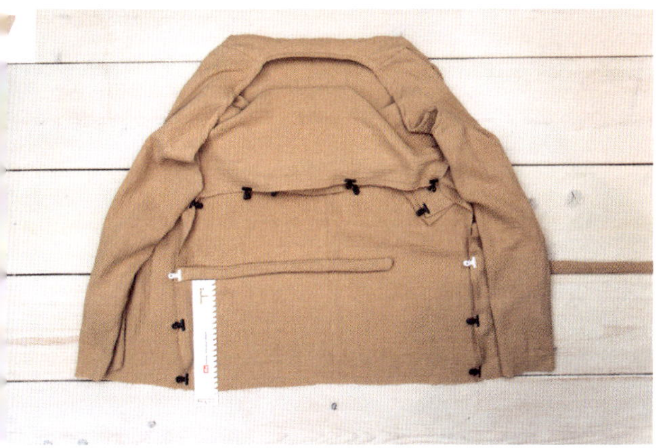

7. Nun werden die Seiten inklusive der Ärmel geschlossen. Positioniere die beiden Bindebänder, die in die Seiten mit eingearbeitet werden, 20 cm oberhalb der unteren Schnittkante (siehe weiße Klammern). Ein Band zeigt ins Innere der Bluse, das andere geht nach außen.

8. Schließe nun die gesamten Seitennähte inklusive der Ärmel und der festgesteckten Bindebänder.

9

10

9. Versäubere die untere Saumkante und klappe diese 10 cm rechts auf rechts nach außen um. Genäht werden die beiden Seiten der Vorderteile. Nähe auch hier bereits die Enden des Gummis für die Raffung mit ein. Das Gummiband liegt dabei entlang der versäuberten, unteren Saumkante.

10. Versturze die Seiten nun links auf links und fertige dir an der versäuberten Schnittkante, die jetzt 10 cm oberhalb der entstandenen Saumkante liegt, einen Tunnel von 1,5 cm. Das Gummiband läuft genau mittig mit. Achte darauf, dass du dieses nicht mit festnähst. Bereits während des Nähens entsteht nun die Raffung.

11

12

11. Nimm dir die beiden übrigen Bindebänder zur Hand und stülpe die noch offenen Kanten 1 cm nach innen. Die Bänder steckst du dann an die äußeren Kanten der Vorderteile. Nähe die Bänder in der abgesteppten Naht des Beleges fest.

12. Versäubere nun die Ärmel an der unteren Kante und schlage diese ebenfalls 10 cm nach innen ein. Nähe auch hier einen Tunnel mit einem Abstand von 1,5 cm. Lasse hier jedoch eine kleine Öffnung, um das Gummiband erst im Anschluss einzuziehen. Nachdem du das Gummiband eingezogen und die Enden vernäht hast, schließt du die Öffnungen an beiden Ärmeln.

TIPP

Gerafft mit Framilonband anstelle des Tunnelzugs kannst du die untere Kante auch einfach verarbeiten und damit länger lassen. Die untere Kante knapp eingeschlagen und abgesteppt ist ebenfalls ein hübscher Look.

COLLEGEJACKE

Für mich ist dieses Teil die klassische Übergangsjacke. Schnell übergeworfen an lauen Sommerabenden, im Herbst dann mit einem kuscheligen Pulli drunter. Du wählst zwischen einer Variante mit Reißverschluss oder einer Knopfleiste. Die eingearbeiteten Nahttaschen sorgen für einen guten Tragekomfort, hier findet alles Platz, was auf die Schnelle mit muss.

STOFFAUSWAHL

Außenstoff: feste Jackenstoffe

Innenstoff: Jersey, Sweat, Musselin u.v.m.

- *In der Anleitung umgesetzt aus Breitcord und einem leichten Sweat als Futter.*

DAS BRAUCHST DU

Stoffverbrauch

- *Innenstoff: 180cm (bei einer Breite von 140cm)*
- *Außenstoff: 180cm (bei einer Breite von 140cm)*
- *Bündchenware: 70cm*
- *Vlieseline H250 (für die Knopfleiste)*
- *Je nach Variante: 5 Holzknöpfe (optional Druckknöpfe) oder teilbarer Reißverschluss 55cm*
- *Optional: Kordel als Aufhänger*

ZUSCHNITT

- *In der ausführlichen Anleitung umgesetzt ist die Version mit Knopfleiste. Beim Zuschnitt der beiden Vorderteile musst du Folgendes beachten: Du benötigst den Beleg beim Außenstoff und musst den Innenstoff an der im Schnittmuster markierten Linie einkürzen.*
- *Für die Version mit Reißverschluss (siehe Seite 90) hast du vier gleiche Vorderteile (2x Außenstoff und 2x Innenstoff). Hier dann eingekürzt an der vorderen Mitte bzw. der markierten Linie im Schnitt.*
- *Gib überall eine Nahtzugabe von 0,75cm hinzu.*

1x Rückteil im Bruch (je Außen- und Innenstoff)
2x Vorderteil gegengleich (je Außen- und Innenstoff)
2x Ärmel gegengleich (je Außen- und Innenstoff)
1x Kragenbündchen im Bruch
2x Armbündchen gegengleich
1x Bauchbündchen im Bruch
4x Taschenbeutel (davon je 2x gegengleich)

- *In den Größen 44–50 hat das Oberteil Abnäher, die du wie auf Seite 23 erklärt, nähst, bevor du mit Schritt 1 startest.*
- *Du findest alle Schnittteile auf SB 3.*
- *Übertrage dir auch alle Markierungen von den Schnittteilen auf deinen Stoff.*

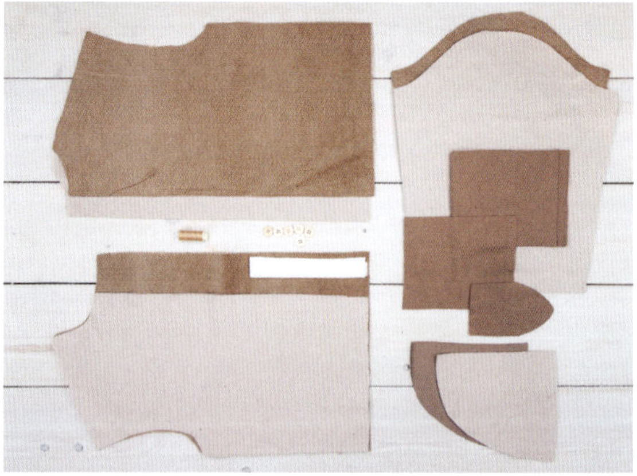

1

2

1. Als Erstes nähst du die Außenjacke. Lege dafür das Rückteil des Außenstoffs vor dich. Die rechte Seite schaut dich an. Lege beide Vorderteile darauf und schließe die Schulternähte. In den Größen 44-50 werden zuerst die Abnäher gearbeitet (siehe Seite 23).

2. Nun kommen die Ärmel in die Armkugeln. Fixiere diese laut der Markierung und nähe sie fest, achte dabei auf die vordere und hintere Seite des Ärmels. Verfahre so mit beiden Ärmeln.

3

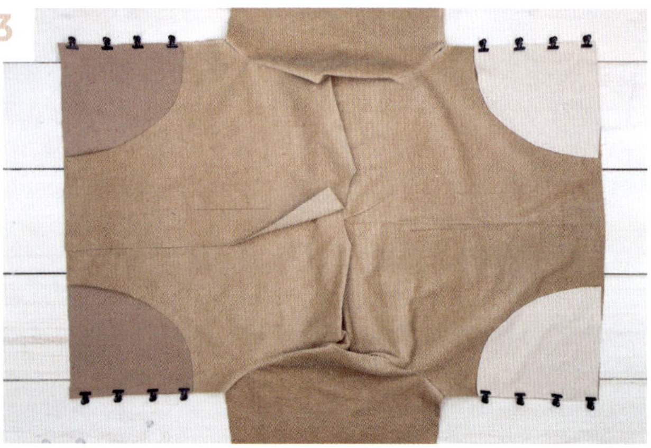

4

3. Jetzt sind die seitlichen Innentaschen dran. Lege zwei Taschenbeutel rechts auf rechts in die äußeren unteren Ecken des Vorderteils (braun) und die anderen beiden Taschenbeutel (beige) auf gleiche Weise auf das Rückteil. Nähe sie an den Seiten entlang der Klammern fest. Die Taschen schließen jeweils bündig mit den unteren Kanten ab.

4. Schließe nun die Seiten beginnend bei den Ärmeln, über die Achseln inklusive der beiden (vorderen und hinteren) Taschenbeutel. Damit später nichts aus der Tasche fällt, musst du die Seitennaht entlang der Markierung noch etwa 5cm mit einem Geradstich schließen. Wiederhole diesen Schritt auch an der anderen Seite. Bei diesem Schritt ist es zwischenzeitlich etwas kniffelig, arbeite daher mit Ruhe und Sorgfalt.

5. So sollte der Tascheneingriff nun von außen aussehen. Setze am unteren Ende des Eingriffs einen Riegel mit einem schmalen Zickzackstich, damit er beim Tragen nicht ausreißt.

6. Fixiere die Taschen für die nächsten Schritte schon einmal in der Nahtzugabe der unteren Kante. Die Außenjacke ist damit erstmal fertig.

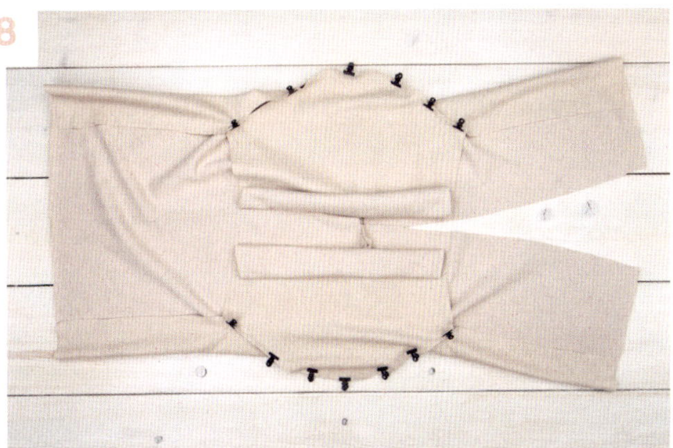

7. Lege das Rückenteil des Innenstoffs mit der rechten Seite vor dir aus. Die Vorderteile kommen nun rechts auf rechts auf das Rückteil. Schließe die Schulternähte entlang der Klammern.

8. Fixiere die Ärmel entsprechend der Markierungen in den Armkugeln und nähe sie fest.

9

10

9. Schließe nun die Seitennähte inklusive der Arme. Lasse in einem Ärmel eine Wendeöffnung von 8–10 cm. Wenn du die Jacke mit einem Reißverschluss nähen möchtest, so ändert sich ab hier die Arbeitsweise. Diese Schritte findest du auf Seite 90. Ab Step 15 geht es dann hier weiter in der Anleitung.

10. Bügele je einen Streifen Vlieseline H250 auf die linke Seite der Belege der Außenjacke. Zwei weitere Streifen kommen an die beiden offenen Kanten des unteren Bündchenstreifens (auch hier sitzt später ein Knopf und Knopfloch).

11

12

11. Nun kommt die Außenjacke an die Innenjacke. Lege die Innenjacke rechts auf rechts auf die Außenjacke und fixiere sie an den beiden langen vorderen Kanten. Nähe beide Jacken an diesen Kanten zusammen.

12. Klappe das Bauchbündchen der Länge nach rechts auf rechts aufeinander und nähe die beiden kurzen Seiten zusammen. Da mein passender Bündchenstoff nicht breit genug lag, um laut Schnittteil im Bruch zuzuschneien, hat das Bündchen im Bild zwei zusätzliche Nähte an den Seiten.

13. Klappe dir nun den Beleg der Außenjacke 4cm auf die Innenseite und fixiere den Beleg dort mit Stecknadeln. Verfahre so auf beiden Seiten.

14. Das Bauchbündchen ist gewendet und liegt links auf links. Stecke den Streifen nun gedehnt direkt an die noch offene untere Kante zwischen Innen- und Außenjacke. Nähe die vier Schichten (Außenstoff, Bündchen, Bündchen, Innenstoff) mit einem elastischen Stich fest. Achte darauf, dass du die Taschen sauber mit festnähst.

15. Klappe das Kragenbündchen der Länge nach links auf links aufeinander.

16. Stecke nun auch das Kragenbündchen gedehnt in den noch offenen Halsausschnitt. Starte in der hinteren Mitte und ende mit der Spitze an der Knopfleiste. Die Knopfleiste (d.h. den Beleg) selbst sparst du aus. An dieser Stelle kannst du optional einen Aufhänger einarbeiten.

17

17. Wende die Jacke durch den Ärmel und fertige die Armbündchen. Klappe das Bündchen im Fadenlauf rechts auf rechts aufeinander und schließe die Seite. Falte sie dann links auf links ineinander. Nun ziehst du dir den Ärmelsaum in Außen- und Innenstoff durch die Wendeöffnung auf links. Stecke das Bündchen genau zwischen diese beiden Schichten.

18

18. Das Bündchen steckt nun zwischen Innen- und Außenstoff. Alle offenen Kanten schauen zu dir. Nähe alle Schichten einmal rundherum fest. Mache es genauso am zweiten Ärmel. Nach dem Zurückwenden kannst du die Wendeöffnung schließen. Ich nähe diese ganz simpel an der Nähmaschine mit einem Geradstich zu. Ganz ehrlich – wer schaut schon ins Innere des Ärmels?

19

19. Stecke dir die Knopfleisten (die Belege) noch einmal von außen fest und steppe diese sorgfältig ab. Ich arbeite hier auf der linken Seite direkt an der Stelle, wo der Außenstoff auf den Futterstoff trifft.

20

20. Kommen zum Abschluss noch die Knöpfe dran. Ein paar Erklärungen zum Fertigen von Knopflöchern findest du auf Seite 30. Druckknöpfe sind an einer Collegejacke ebenfalls eine coole Wahl. Fertig!

A

A. Innen- und Außenjacke sind soweit fertiggestellt (Step 1–9) . Bereite dir nun den Reißverschluss (RV) vor, indem du ihn an den oberen Kanten knapp nach hinten einschlägst und diese Stücke an den Rändern knapp absteppst.

B

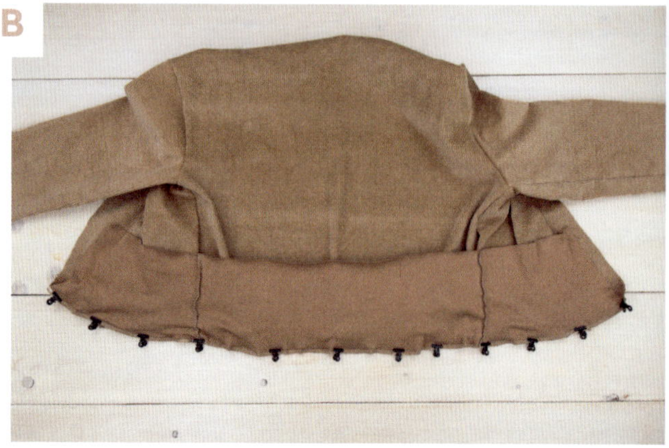

B. An dieser Stelle kommt hier bereits das Bauchbündchen ins Spiel. Fixiere dieses gedehnt rechts auf rechts an der unteren Kante der Außenjacke und nähe es fest. Achte dabei besonders darauf, die Taschen sauber mit festzunähen.

C

C. Öffne den RV und lege einen Teil rechts auf rechts an die eine Kante der Außenjacke und das andere Teil rechts auf rechts an die andere Kante. Starte etwa 1,5cm unterhalb der oberen Halskante. Der RV endet jeweils im Bündchen. Du nähst hier mit dem Reißverschlussfuß der Nähmaschine.

D

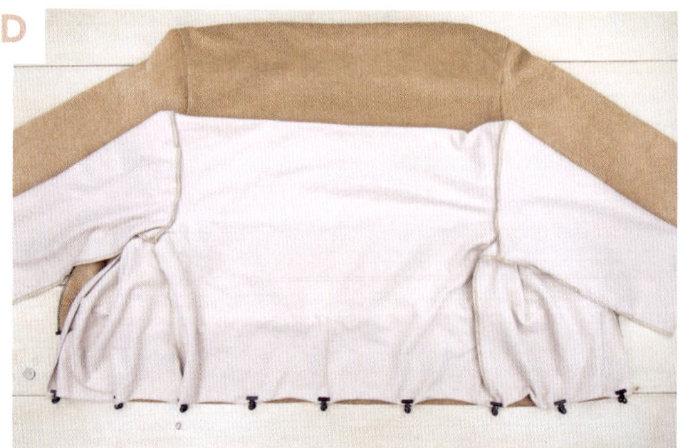

D. Nun legst du den unteren Saum der Innenjacke rechts auf rechts auf die noch offene Kante vom Bündchen. Alles fixieren und festnähen.

E. Klappe die Innenjacke nun auf die Außenjacke. Fixiere die vorderen Kanten entlang des bereits am Außenstoff festgenähten RV.

F. Genäht wird mit dem RV-Fuß. Damit der Innenstoff nicht verrutscht, nähst du wieder auf der Seite der bereits genähten Reißverschlussnaht, also auf dem Außenstoff.

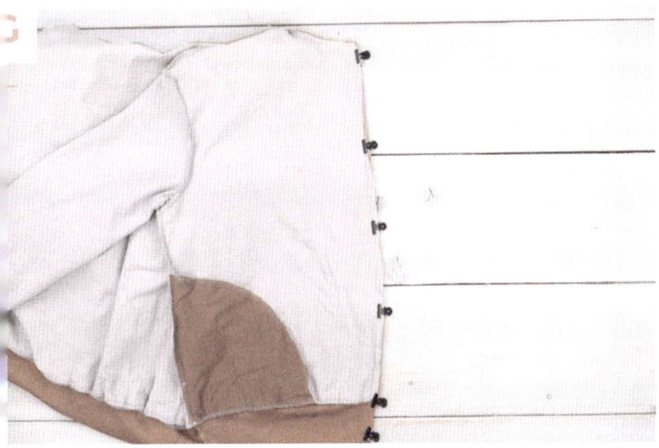

G. Du nähst die gesamte vordere Kante vom Hals bis zum Saum. Du schließt damit in diesem Schritt auch bereits die kurzen Bündchenseiten komplett. Wiederhole diesen Schritt auf der anderen Seite. Somit ist dein Reißverschluss komplett eingearbeitet und es geht mit dem Kragenbündchen bei Step 15 weiter. Nähe Kragen- und Armbündchen wie in Step 15 bis 18 beschrieben an.

H. Steppe die Jacke zuletzt ganz knappkantig neben dem RV auf dem Außenstoff ab.

PROJEKTE

HERBST & WINTER

So berauschend die Gedanken an den Sommer sind, umso gemütlicher wird es, wenn ich an den goldenen Herbst und die kuschelige Winterzeit denke. Der Herbst mit all seinen zauberhaften Farben ist meine Inspirationsquelle schlechthin. Alle Naturtöne vereinen sich hier und du kannst kombinieren, was das Zeug hält. Kuschelig soll es sein, wärmend und wollig weich, so stelle ich mir den Winter vor. Auch hier verwende ich gedeckte Farben und viele Braun-, Beige- und Rosttöne.

CORDHOSE

An einer Cordhose kommst du in diesen Zeiten nicht vorbei. Locker und lässig geschnitten macht diese Hose jeden Blödsinn mit und begleitet dich dabei zuverlässig durch den Alltag. Ein gemütlicher Bauchbund, genäht mit einem einfachen Gummizug, ermöglicht die sehr einfache Verarbeitung und dennoch bieten die seitlichen Taschen den notwendigen Tragekomfort. Gekrempelt zu Sneakern oder im Winter versteckt in Boots – was braucht es mehr. So cool und so bequem.

STOFFAUSWAHL

Breitcord, Feincord, Denim, feste Hosenstoffe

- *In der Anleitung umgesetzt aus Breitcord mit einem kleinen Anteil Elasthan.*

DAS BRAUCHST DU

Stoffverbrauch

- *180cm (bei einer Breite von 140cm)*

- *Gummiband (4cm breit) für den Bund*
- *Vlieseline H250 für die Tascheneingriffe*

ZUSCHNITT

- *Gib überall eine Nahtzugabe von 0,75cm hinzu.*
- *Gib unten eine Saumzugabe von 3cm hinzu.*

2x vorderes Hosenteil gegengleich
2x hinteres Hosenteil gegengleich
1x Bauchbund im Bruch
2x vorderer Taschenbeutel gegengleich
2x hinterer Taschenbeutel gegengleich

- *Du findest alle Schnittteile auf SB 3.*
- *Übertrage dir auch alle Markierungen von den Schnittteilen auf deinen Stoff.*

Länge Gummiband

- *Miss das Gummiband individuell an dir ab. Denk dabei auch hier an die Nahtzugabe.*

1. Lege dir die beiden vorderen Hosenteile rechts auf rechts aufeinander und schließe die vordere Schrittnaht. Bügele etwas Vlieseline H200 auf beiden Seiten an den entstehenden Tascheneingriff.

2. Klappe die vordere Schrittnaht auf eine Seite und steppe sie zusätzlich von rechts knappkantig ab.

3. Nun nimmst du dir die vorderen Taschenbeutel. Fixiere sie jeweils rechts auf rechts an den Tascheneingriffen und nähe sie an beiden Seiten fest.

4. Klappe den Taschenbeutel jeweils nach hinten weg und steppe die entstandene Naht knappkantig ab.

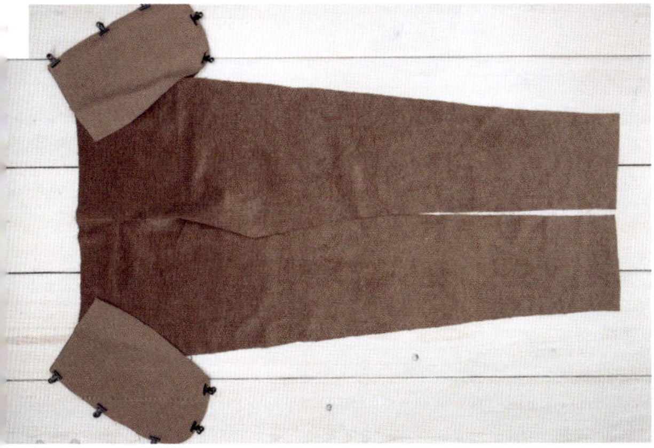

5. Nun kommen die hinteren Taschenbeutel hinzu und werden rechts auf rechts auf die ausgeklappten vorderen Taschenbeutel gelegt, gesteckt und in der Rundung entsprechend der Klammern im Bild festgenäht.

6. Lege die Taschen sorgfältig in Form. Für die leichtere Weiterverarbeitung kannst du die Taschen auch schon einmal an den markierten Stellen innerhalb der Nahtzugaben fixieren. Achte gut darauf, dass hier auch wirklich alles glatt liegt. Das vordere Hosenteil ist damit schon einmal fertig.

7. Lege nun die beiden hinteren Hosenteile rechts auf rechts aufeinander und schließe ebenfalls als Erstes die hintere Schrittnaht.

8. Klappe die Gesäßnaht nun auch auf eine Seite und steppe sie zusätzlich knappkantig auf der rechten Stoffseite ab. Fertig ist damit auch schon deine hintere Hose.

9

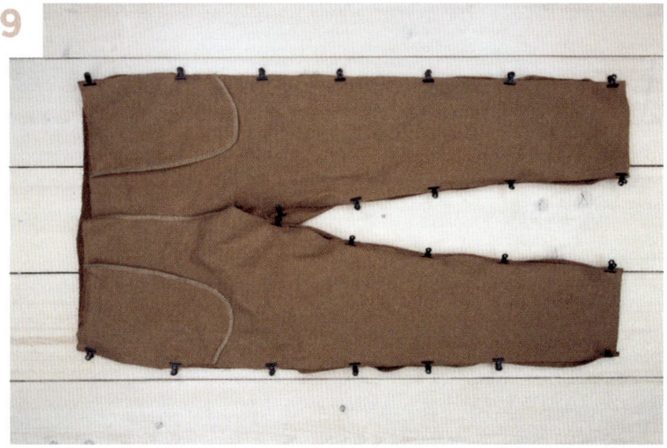

9. Lege die vordere Hose rechts auf rechts auf die hintere Hose, stecke die Seitennähte und die Schrittnaht aufeinander und nähe sie zusammen.

10

10. Falte nun den Bauchbund im Bruch und nähe ihn an der kurzen Seite zusammen.

11

11. Falte den Bundstreifen der Länge nach links auf links und fixiere ihn rechts auf rechts am oberen Bund der Hose. Nähe nun einmal rundherum und lasse dir hinten eine Öffnung von etwa 5 cm für das Gummiband.

12

12. Ziehe das Gummiband ein und vernähe die Enden sorgfältig.

13. Schließe dann die Öffnung. Das Gummiband fixiere ich immer zusätzlich mit ein paar Stichen in den Seitennähten, damit es sich beim Waschen nicht verdreht.

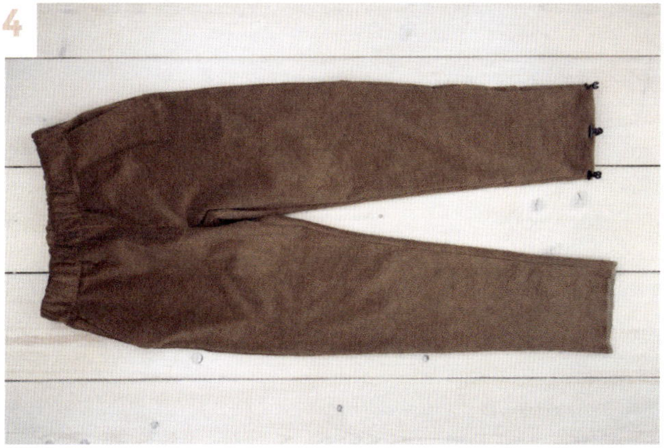

14. Versäubere nun die Beinsäume, schlage sie doppelt je 1,5 cm ein und steppe sie ringsherum von rechts ab.

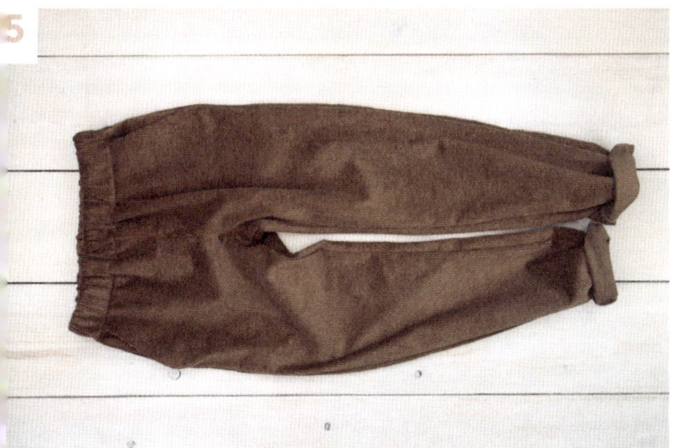

15. Fertig ist deine supercoole und alltagstaugliche Cordhose.

COSY DRESS

So ein gemütliches Strickkleid ist aus der aktuellen Mode nicht wegzudenken. Einfach und schnell genäht und so stylisch gekleidet – dieses leicht taillierte Kleid macht es möglich. Im Frühjahr genäht aus Rippjersey oder anderen elastischen Stoffen, kann es dich auch in der warmen Jahreszeit begleiten. Im Winter dann einfach einen kuscheligen Wollpulli drüber – ich bin ganz sicher, du wirst es lieben.

STOFFAUSWAHL

Strickstoffe, Rippjersey, Cordjersey, Frotteejersey u.v.m.

- *In der Anleitung umgesetzt aus einem feinen Strickstoff in breit gerippter Optik.*

DAS BRAUCHST DU

Stoffverbrauch

- *180 cm (bei einer Breite von 140 cm)*

ZUSCHNITT

- *Gib überall eine Nahtzugabe von 0,75 cm hinzu.*
- *Gib an den Armen und unten eine Saumzugabe von 1,5 cm hinzu.*

1x Rückteil im Bruch
1x Vorderteil im Bruch
2x Ärmel gegengleich
1x Halslochbündchen im Bruch

- *Du findest alle Schnittteile auf SB 4.*
- *Übertrage dir auch alle Markierungen von den Schnittteilen auf deinen Stoff.*

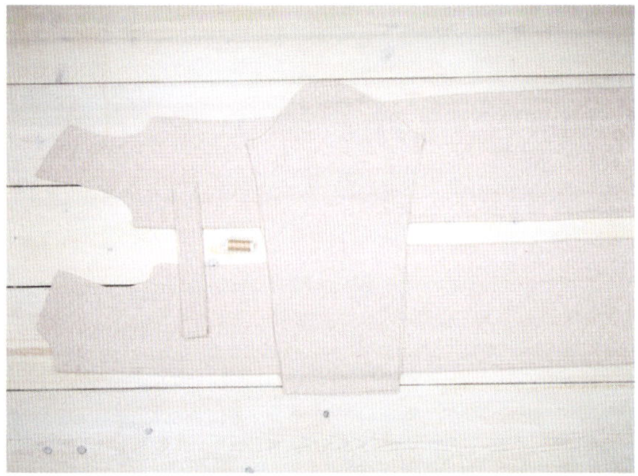

TIPP

Schau dir vor dem Zuschnitt die Länge des Kleids an und vergleiche, ob es so für dich passt. So kannst du deine individuelle Wunschlänge berücksichtigen.

1. Lege dir Vorder- und Rückteil rechts auf rechts aufeinander und schließe die Schulternähte.

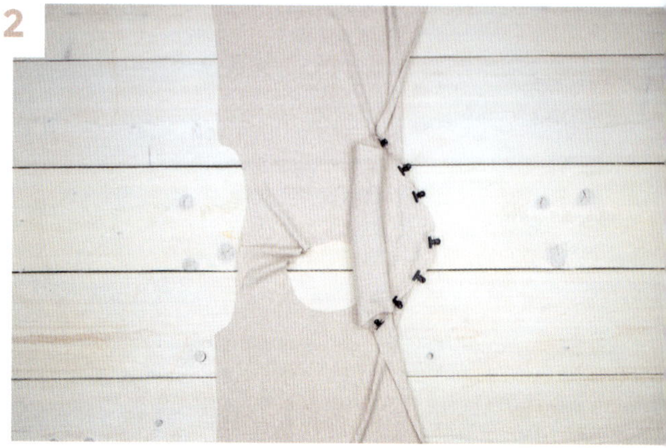

2. Vorder- und Rückteil liegen aufgeklappt vor dir. Stecke einen Ärmel rechts auf rechts entsprechend der Markierungen in die Armkugel und nähe diesen fest. Verfahre auf gleiche Weise mit dem zweiten Ärmel.

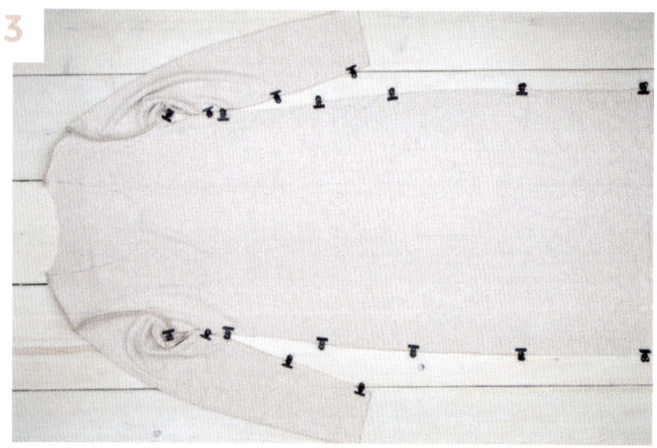

3. Schließe nun die Seitennähte beginnend bei den Armen entlang der kompletten Seiten.

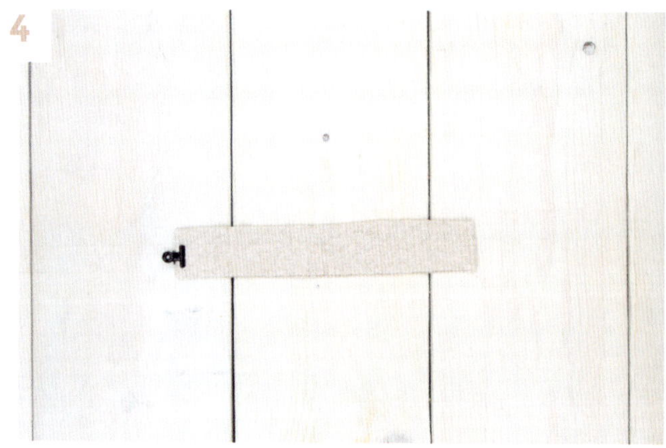

4. Schließe das Halsbündchen rechts auf rechts liegend entlang der kurzen Seite.

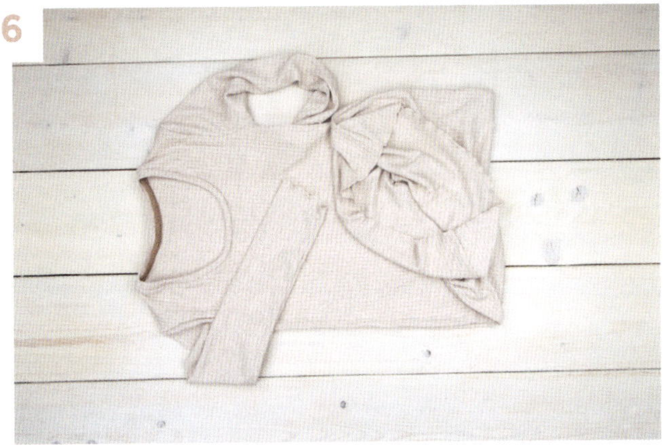

5. Klappe das Halsbündchen nun links auf links und fixiere es rechts auf rechts im Halsausschnitt. Lege die Naht des Bündchens in die hintere Mitte. Nach Belieben kannst du hier auch einen Versäuberungsstreifen einarbeiten. Eine Anleitung dazu findest du auf Seite 26.

6. Da es sich hier um einen Strickstoff handelt, versäubere ich die unteren Kanten der Ärmel und des unteren Saums mit einem langen Zickzackstich.

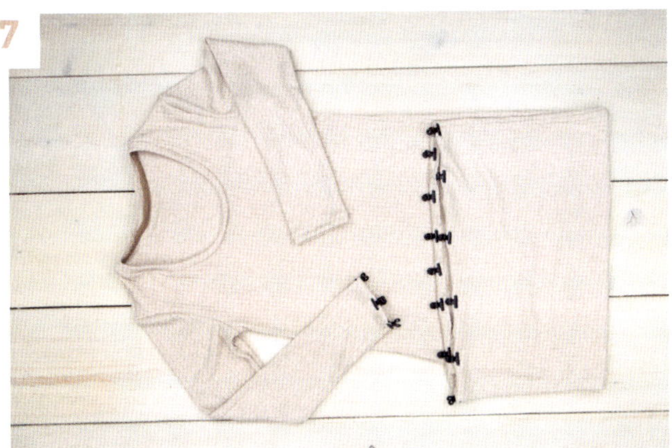

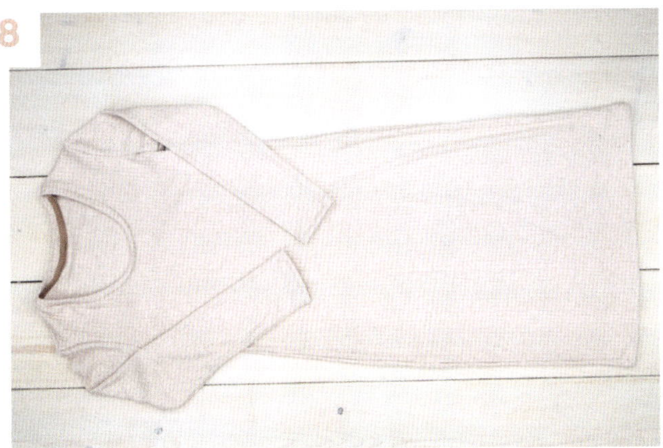

7. Schlage die untere Kante und die Ärmelsäume je 1cm nach innen ein und nähe jeweils rundherum.

8. Fertig ist dein lässiges Cosy Dress aus angesagtem Strickstoff.

RAGLANSWEATER

So basic und so schön – ein einfacher Sweater darf in keinem Kleiderschrank fehlen. Im Handumdrehen genäht und an Gemütlichkeit nicht zu übertreffen. Ob gemustert oder uni – hier kannst du deiner Kreativität wieder freien Lauf lassen.

STOFFAUSWAHL

French Terry, Sweat, Frotteejersey, Cordjersey u.v.m.

Bündchenware

- *Hier umgesetzt aus kuscheligem Sweat und passender Bündchenware.*

DAS BRAUCHST DU

Stoffverbrauch

- *150cm (bei einer Breite von 140cm)*

- *Bündchenware: 50cm*

ZUSCHNITT

- *Gib überall eine Nahtzugabe von 0,75cm hinzu.*

1x Vorderteil im Bruch
1x Rückteil im Bruch
2x Ärmel gegengleich
1x Halsbündchen im Bruch
1x Bauchbündchen im Bruch
2x Armbündchen
1x Versäuberungsstreifen (optional)

- *Du findest alle Schnittteile auf SB 5.*
- *Übertrage dir auch alle Markierungen von den Schnittteilen auf deinen Stoff.*

TIPP

Wenn du keine passende Bündchenware hast, kannst du bei vielen Stoffen ebenfalls den Hauptstoff für die Bündchen nutzen. Gib in diesem Fall jedoch ca. 2cm Extra-Zugabe bei den Bündchen hinzu und prüfe, in welche Richtung der Stoff elastischer ist.

1

2

1. Lege das Vorderteil des Sweaters mit der rechten Seite nach oben vor dich hin. Stecke nun die Ärmel entlang der Markierung an das Vorderteil. Achte auf die Markierungen für vorne und hinten. Nähe beide Ärmel fest.

2. Lege als Nächstes das Rückteil mit der rechten Seite nach unten (also rechts auf rechts) auf das Vorderteil und stecke es an beiden noch offenen Armausschnitten fest. Nähe auch hier beide Seiten fest.

3

4

3. Schließe nun die Seiten des Sweaters inklusive der Arme und nähe diese entsprechend den Markierungen im Bild zusammen.

4. Als Nächstes sind die Bündchen dran. Schließe jeweils Hals-, Bauch- und Armbündchen rechts auf rechts laut der Markierungen. Hier kommt nun auch der Versäuberungsstreifen ins Spiel.

5. Klappe das Halsbündchen links auf links aufeinander und stecke es rechts auf rechts an den Halsausschnitt. Die Anleitung für die Nackenversäuberung findest du auf Seite 26. Lege die Naht des Halsbündchens immer in die Seitennaht, dann schaust du bei deinem fertigen Sweater auf eine schöne und durchlaufende Naht im Nackenbereich. Nähe das Halsbündchen mit dem elastischen Geradstich an der Nähmaschine oder mit der Overlock fest.

6. Klappe nun auch die Armbündchen links auf links ineinander und nähe sie rechts auf rechts an den Armen fest.

7. Im letzten Schritt wird noch das Bauchbündchen angebracht. Klappe es links auf links der Länge nach zusammen und stecke es rechts auf rechts an die untere Kante des Sweaters. Verteile es gleichmäßig in der Weite und nähe es dann fest.

8. So schnell und so easy ist dein gemütlicher und zugleich so stylischer Raglansweater genäht.

HENLEYSHIRT

Wenn schon basic, dann richtig basic – also darf auch das klassische Henleyshirt nicht fehlen. Die Knopfleiste macht das Teil trotz Schlichtheit zu einem echten Hingucker. Und soll es doch mal schneller genäht sein, lässt du diese einfach weg und nimmst den Bündchenstreifen zur Hand. Einfacher geht es wohl kaum.

STOFFAUSWAHL

Alles, was elastisch ist: Jersey, Rippjersey, Frotteejersey, Strickstoff u.v.m.

- *In der Anleitung umgesetzt aus Rippjersey.*

DAS BRAUCHST DU

Stoffverbrauch

- *130cm (bei einer Breite von 140cm)*

- *3 Holzknöpfe, alternativ Druckknöpfe*
- *Vlieseline H250 für die Knopfleiste*

ZUSCHNITT

- *Gib überall eine Nahtzugabe von 0,75cm hinzu.*
- *Gib an den Armen und unten eine Saumzugabe von 1,5cm hinzu.*
- *Gib an den Knopfleisten eine Saumzugabe von 2cm hinzu.*
- *Schnittmuster an der Markierung Henleyshirt einkürzen.*

1x Rückteil im Bruch
1x Vorderteil im Bruch
2x Ärmel gegengleich
1x Einfassstreifen im Bruch
2x Knopfleiste im Bruch

- *Du findest alle Schnittteile auf SB 4.*
- *Übertrage dir auch alle Markierungen von den Schnittteilen auf deinen Stoff.*

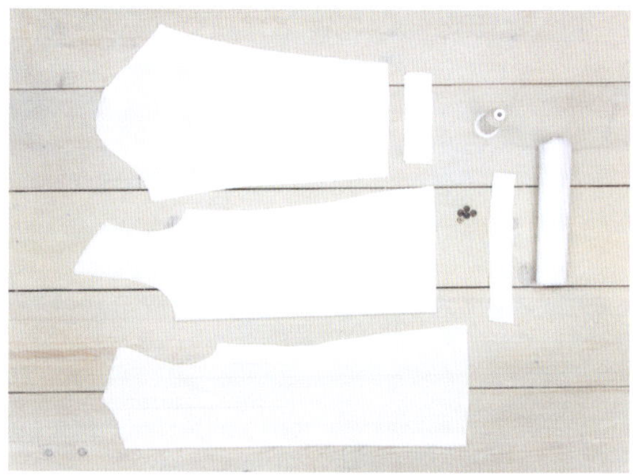

1

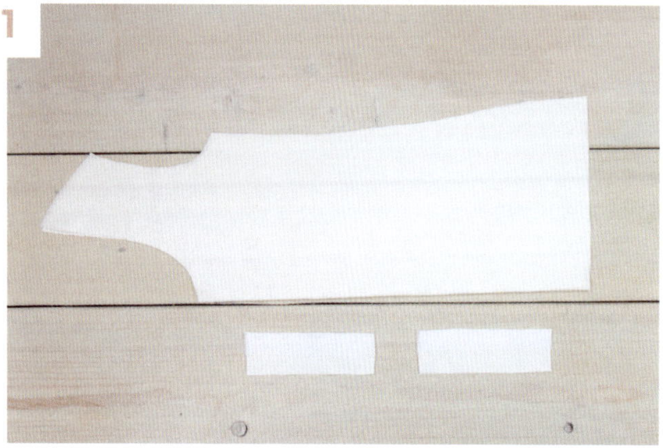

1. Im ersten Schritt befassen wir uns mit dem Vorderteil und der zu fertigenden Knopfleiste. Bei dünnen Stoffen bügele ich hier zur besseren Verarbeitung auf der linken Seite des Vorderteils, also da, wo die Knopfleiste entsteht, ein Stück Vlieseline H250 auf. Der hier verwendete Rippjersey ist fest genug und bedarf keiner Verstärkung. Die beiden Schnittteile der Knopfleiste verstärkst du ebenfalls mit je einem Streifen Vlieseline H250.

2A

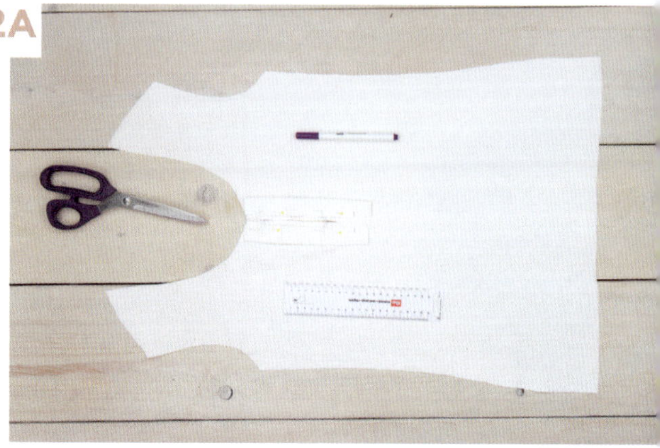

2A. Du arbeitest auf der rechten Seite des Vorderteils. Schneide das Vorderteil in der Bruchkante bis zur Markierung ein. Klappe die Knopfleisten jeweils links auf links der Länge nach zusammen und fixiere sie mit Stecknadeln entlang der Schnittkante, die offene Kante zeigt zur Schnittkante. Zwischen den Knopfleisten soll ein Abstand von 1cm sein.

2B

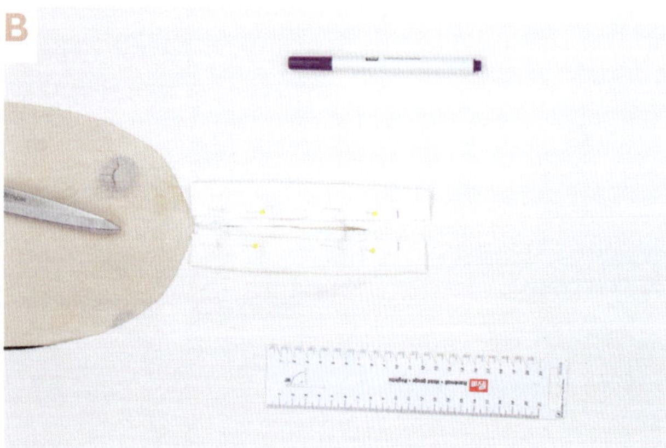

2B. Zeichne dir mit dem Trickmarker 2cm unterhalb des Schnittendes eine Markierung auf beide Knopfleisten. Nähe die Knopfleisten an der offenen Kante (entlang der Stecknadeln) bis zur unteren Markierung fest.

3

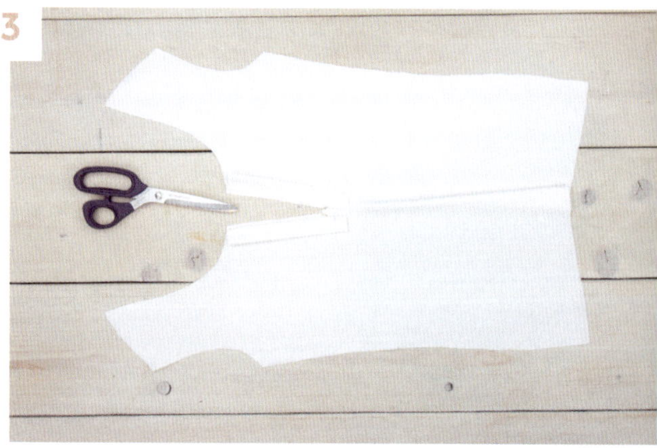

3. Du befindest dich noch immer auf der rechten Seite des Vorderteils. Schneide nun ausgehend vom Ende des Einschnitts je einen kleinen Schnitt in Richtung der markierten Nahtenden, sodass ein Keil entsteht. Stoppe etwa 0,5cm vor der Markierung.

4. Klappe die entstandenen Knopfleisten nun vorsichtig auf die hintere Seite und lege sie sorgfältig übereinander. Vorne sollten sich nun keine Falten bilden.

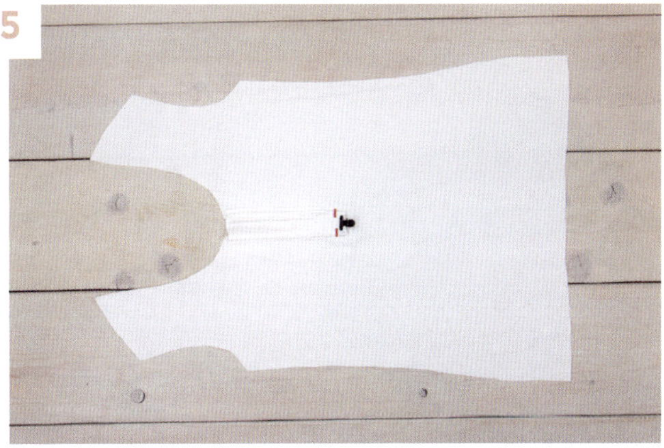

5. Drehe das Shirt auf die linke Seite und fixiere die übereinanderliegenden Knopfleisten (inklusive des Keils) mit einem Geradstich entlang der Markierung. Kürze diese nun ein. Das Versäubern der Knopfleiste auf der linken Seite gibt dem Shirt einen hochwertigen Look.

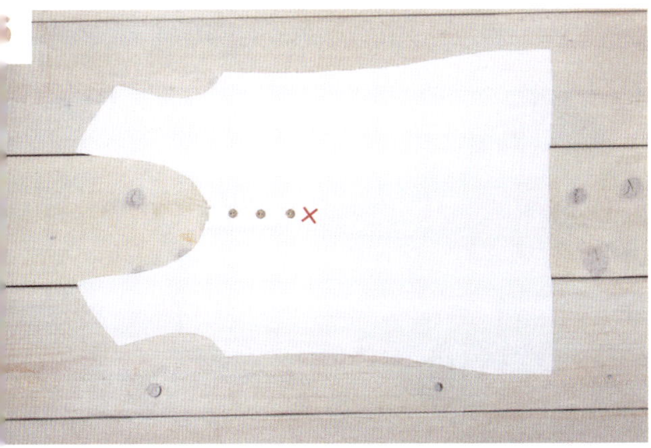

6. Auf der Leiste, die oben liegt, fertigst du im nächsten Schritt die Knopflöcher und nähst die Knöpfe an die untere Leiste. Zur Sicherung der Knopfleiste setze ich mit ein paar Stichen an der Nähmaschine ein Kreuz am untersten Punkt. Alternativ zu den Knopflöchern kannst du auch auf Druckknöpfe zurückgreifen.

7. Lege nun Rückteil und Vorderteil rechts auf rechts aufeinander. Nähe die beiden Teile an der Schulternaht zusammen.

8

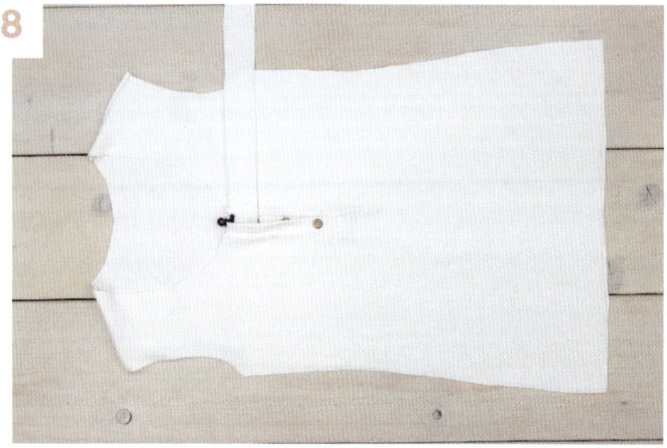

9

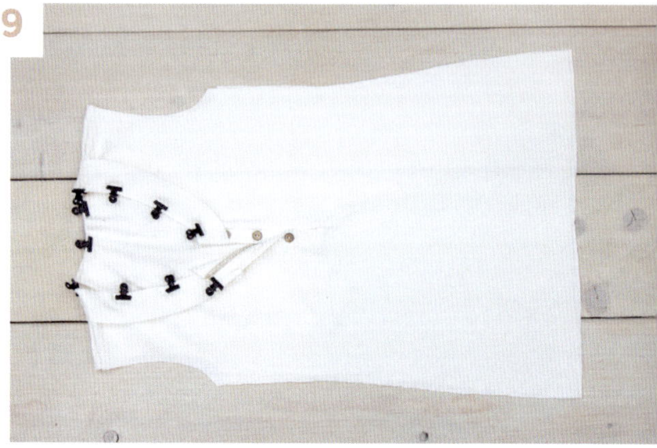

8. Im nächsten Schritt erfolgt die Versäuberung der Halskante. Dafür benötigst du den Einfassstreifen. Starte auf der rechten Seite der einen Knopfleiste und lege den Streifen 0,75 cm um die Knopfleiste (also auf die linke Seite) herum. Fixiere dir den Anfang mit einer Klammer. Die linke Seite des Einfassstreifens schaut dich nun an.

9. Verfahre am Ende (also der anderen Seite der Knopfleiste) wie am Anfang. Stecke den Streifen leicht gedehnt (ausgehend von der hinteren Mitte) einmal um den gesamten Halsausschnitt herum fest. Nähe den Streifen nähfußbreit fest.

10

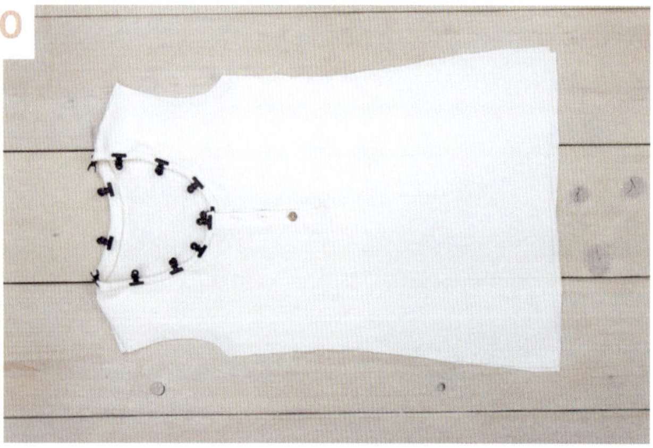

11

10. Klappe den Versäuberungsstreifen nun nach hinten weg und steppe ihn im Nahtschatten, also genau in der bereits entstandenen Naht, auf der rechten Seite fest. Falls auf der linken Seite noch etwas vom Streifen übersteht, kürze dies einfach mit der Schere ein.

11. Lege nun das Vorder- und Rückteil vor dich. Die rechte Seite schaut dich an. Stecke einen Ärmel rechts auf rechts in die Armkugel und nähe diesen fest. Verfahre auf gleiche Weise mit dem anderen Ärmel.

12. Nun werden die Seitennähte einschließlich der Arme geschlossen.

13

13. Achte bei den aufeinandertreffenden Nähten (zum Beispiel in der Achsel) darauf, dass du diese gegengleich aufeinanderlegst. Auf diese Weise liegen sie schön flach und tragen später nicht auf.

14. Im letzten Schritt versäuberst du noch die Arme und die untere Kante. Einfach 1,5 cm nach innen einschlagen und mit der Coverlock oder einem elastischen Stich an der normalen Nähmaschine absteppen. Ich liebe hier den Look meiner Coverlock.

15

15. Fertig ist dein gemütliches Henleyshirt für jeden Tag.

SALOPETTE

So gemütlich und zugleich stylisch können nur Latzhosen sein. Ich liebe diesen lässigen Look einfach so sehr. Ein schlichtes Shirt drunter im Sommer, eine Strickjacke drüber im Herbst – mit dieser Hose bist du immer perfekt angezogen. Ob reines Leinen, leichteres Leinengemisch oder fester Hosenstoff – der Schnitt macht einfach alles mit. Durch Knoten oder Knöpfen lässt sich die Salopette super an deine individuellen Maße anpassen und kann dadurch ein echter Alltagsbegleiter werden. Ich liebe sie an den kleinen Menschen und werde sie mindestens genauso an den Großen lieben.

STOFFAUSWAHL

Leinen, Leinengemisch, feste Hosenstoffe, Denim, Cord

- *In der Anleitung umgesetzt aus 100% Leinen und Musselin.*

DAS BRAUCHST DU

Stoffverbrauch

- *250cm (bei einer Breite von 140cm)*

- *Vlieseline H250 für die Tascheneingriffe und zum Verstärken der Knopflöcher*
- *2 Holzknöpfe*
- *Alternativ kannst du die Träger um ca. 8cm verlängern und statt Knöpfen auch Knoten nutzen.*

ZUSCHNITT

- *Gib eine Nahtzugabe von 0,75cm hinzu.*
- *Gib an den Beinen eine Saumzugabe von 3cm für den Turn-up-Saum hinzu.*

2x vordere Hose gegengleich
2x hintere Hose gegengleich
2x vorderer Latz im Bruch
(hier aus zwei verschiedenen Stoffen)
2x hinterer Latz im Bruch
(hier aus zwei verschiedenen Stoffen)
2x Träger
2x vorderer Taschenbeutel gegengleich
2x hinterer Taschenbeutel gegengleich
2x Latztasche im Bruch (optional)

- *Du findest alle Schnittteile auf SB 5.*
- *Übertrage dir auch alle Markierungen von den Schnittteilen auf deinen Stoff.*

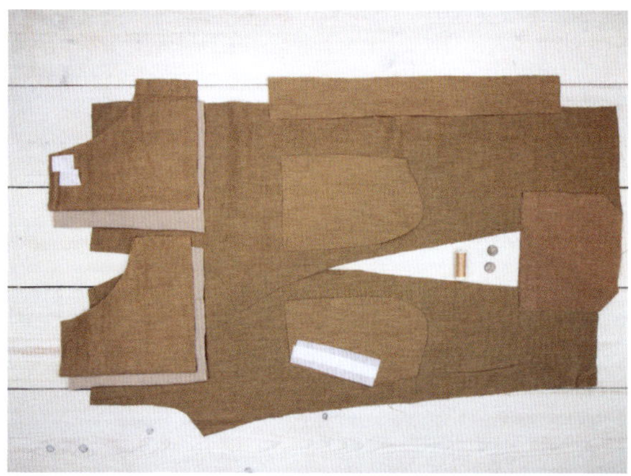

1

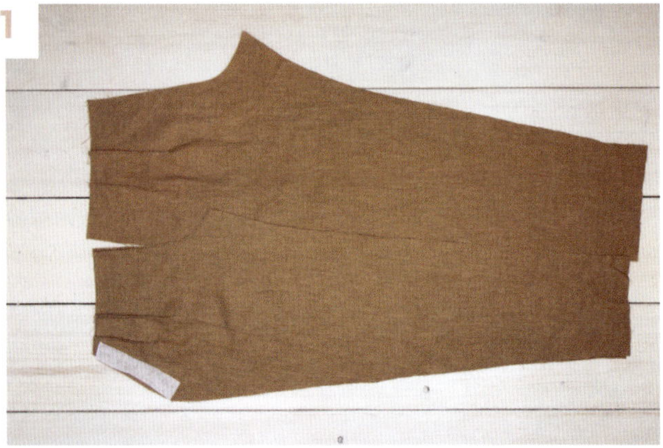

1. Starten wir mit den Abnähern der vier Hosenteile. Fertige diese als Erstes laut der Markierungen im Schnittmuster. Eine genaue Anleitung findest du auf Seite 23.

2

2. Jetzt kommen die beiden vorderen Hosenteile. Lege diese rechts auf rechts aufeinander und schließe die vordere Schrittnaht. Bügele etwas Vlieseline H200 auf beiden Seiten an die entstehenden Tascheneingriffe.

3

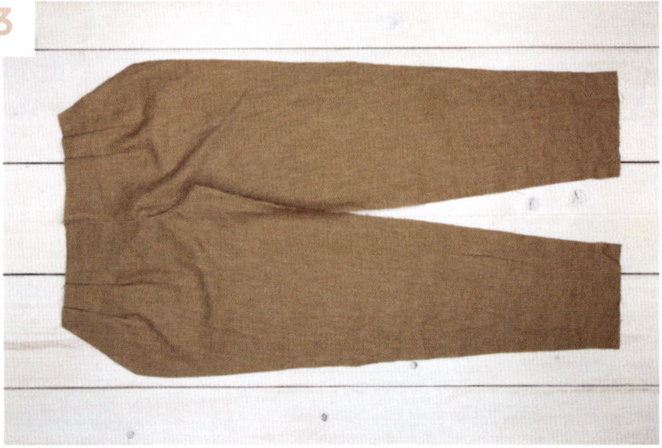

3. Bügele die vordere Schrittnaht aus (entscheide dich für eine Seite) und steppe sie zusätzlich knappkantig ab.

4

4. Nun nimmst du dir die vorderen Taschenbeutel. Fixiere sie jeweils rechts auf rechts an den Tascheneingriffe und nähe sie an beiden Seiten fest.

5. Klappe den Taschenbeutel jeweils nach hinten weg und steppe die entstandene Naht knappkantig ab.

6. Nun kommen die hinteren Taschenbeutel hinzu und werden rechts auf rechts auf die ausgeklappten vorderen Taschenbeutel gelegt, gesteckt und in der Rundung entsprechend der Klammern im Bild festgenäht.

7. Lege die Taschen sorgfältig in Form. Du kannst die Taschen an dieser Stelle auch schon einmal innerhalb der Nahtzugabe oben und an den Seiten mit ein paar Stichen fixieren. Damit ist die vordere Hose schon mal fertig.

8. Lege nun die beiden hinteren Hosenteile rechts auf rechts aufeinander und schließe ebenfalls als Erstes die hintere Schrittnaht.

9

10

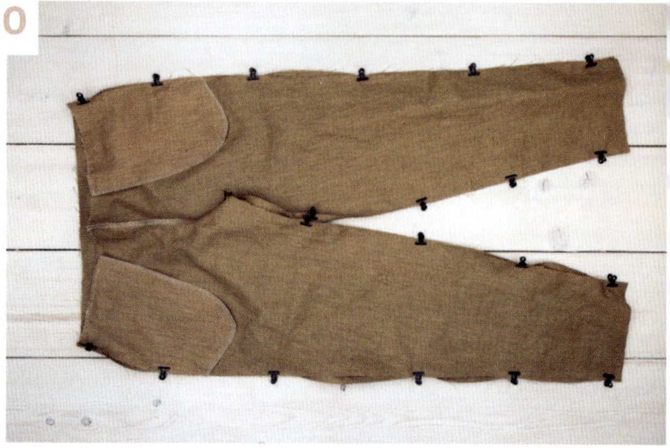

9. Bügele die Gesäßnaht nun aus (entscheide dich auch hier wieder für eine Seite) und steppe sie zusätzlich knappkantig ab. Fertig ist die hintere Hose.

10. Lege die vordere Hose rechts auf rechts auf die hintere Hose und stecke dir die Seitennähte und die Schrittnaht aufeinander. Nähe sie entlang der Klammern zusammen. Dein unteres Hosenteil ist damit schon fertig.

11

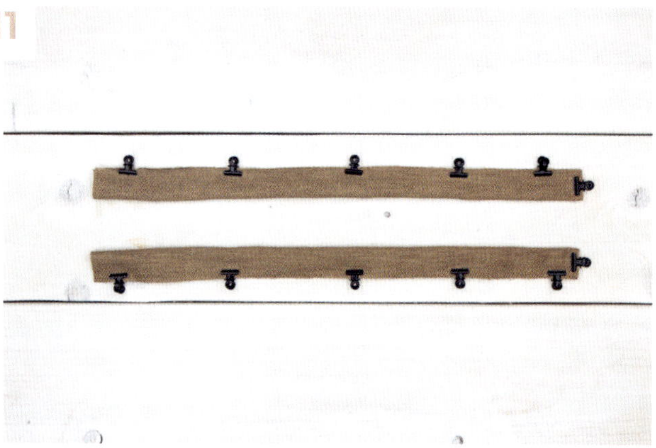

12

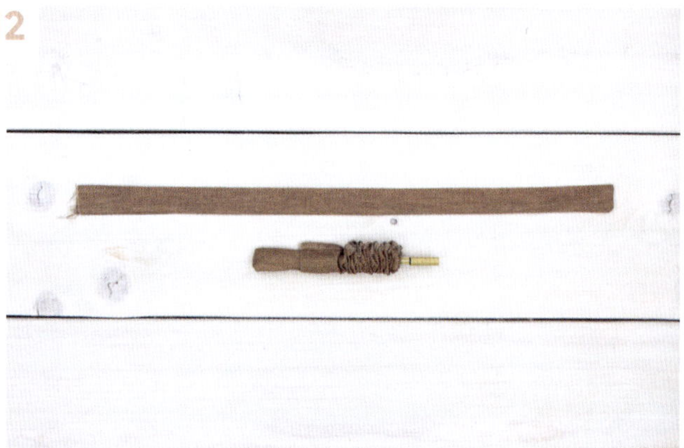

11. Im nächsten Schritt werden die zwei Träger gefertigt. Du bügelst oder faltest beide Träger der Länge nach rechts auf rechts und steckst sie so fest. Nun einmal an der langen Seite entlang und an einer der beiden kurzen Kanten absteppen.

12. Die Träger wendest du auf die rechte Seite und bügelst sie schön glatt. Ich nehme gerne einen Stift, Pinsel oder Kochlöffel zum Wenden zur Hilfe.

13. Nun kommt die Latztasche ins Spiel. Wenn du keine Tasche möchtest, springe einfach zu Step 16. Nähe beide Teile rechts auf rechts zusammen und lasse unten eine kleine Wendeöffnung.

14. Wende die Tasche auf die rechte Seite und bügele sie schön glatt. Jetzt nimmst du dir das äußere (falls du wie ich für innen einen anderen Stoff gewählt hast) Vorderteil und fixierst die Latztasche auf dem Latz. Ich nutze hier wieder den praktischen Fixierstift.

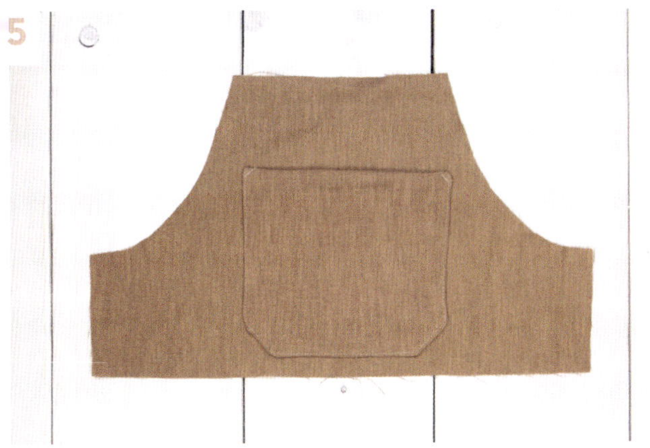

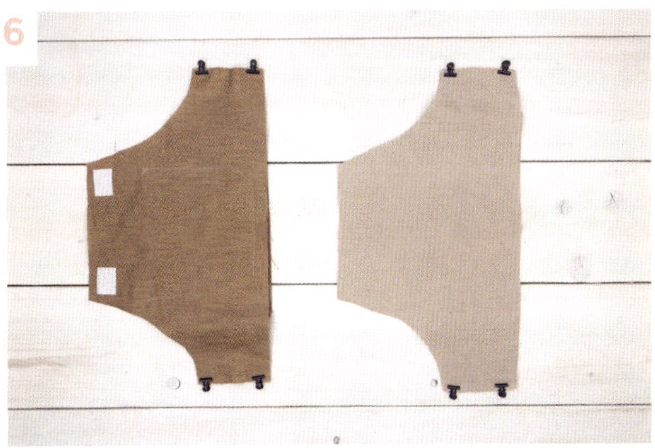

15. Nähe die Tasche auf dem vorderen Latz fest. Steppe hier an den beiden Seiten und unten knappkantig ab, damit schließt sich dann direkt auch die Wendeöffnung der Tasche. Für mehr Halt setze ich noch zwei Diagonalen an den oberen Ecken.

16. Jetzt wird der Latz genäht. Du benötigst dafür Vorder- und Rückteil aus dem Außenstoff und dem Innenstoff. Bügele auf eines der beiden Vorderteile zwei Stücke Vlieseline H250. Hier entstehen später die Knopflöcher. Lege jeweils Vorder- und Rückteil aus Außen- und Innenstoff rechts auf rechts aufeinander und schließe sie jeweils an den Seiten.

17

18

17. Stecke nun die beiden entstandenen Latzteile (Innenlatz und Außenlatz) rechts auf rechts ineinander und fixiere sie mit Klammern an der gesamten oberen Kante. Arbeite auf der Rückseite an der oberen Kante in diesem Schritt bereits die Träger mit ein. Die geschlossenen (schönen) Seiten der Träger schauen unten heraus.

18. Nähe nun einmal die gesamte obere Kante entsprechend der Linie zusammen.

19

20

19. Wende und bügele den Latz und steppe ihn einmal rundherum an der zuvor genähten Kante knappkantig ab.

20. Fertige jetzt noch die Knopflöcher (siehe Seite 30) und fertig ist auch das Latzteil.

21

21. Stecke den Latz nun rechts auf rechts an die fertige Hose. Achte darauf, dass du alles sauber zurechtlegst und alle Schichten mitfasst. Nähe einmal um den Bund herum.

22

22. Steppe die entstandene Bundnaht auch noch einmal von außen knappkantig ab. Versäubere zudem die Beinsäume. Ich habe mich hier für den Turn-up-Saum entschieden. Schlage die Beinenden dafür zweimal für 1,5cm nach außen um und steppe sie in den Seitennähten sowie der vorderen und hinteren Mitte mit ein paar Stichen fest.

23

23. Die Knöpfe bringe ich ganz zum Schluss nach einer Anprobe an, da die Position hier von Körper zu Körper doch stark variiert. Fertig ist deine superlässige und urgemütliche Salopette.

CARDIGAN

Im beginnenden Herbst die perfekte Lösung für die ersten kühleren Tage: Großzügig geschnitten findet auch ein Hoodie Platz, Musselintuch umgelegt, Boots angezogen und schon steht der coolste Herbstlook. Und wenn es dann draußen so richtig kalt wird, bringt dich dieser Cardigan auch im Haus wollig warm durch den Winter. Und bei alldem noch so easy genäht, du wirst ihn lieben!

STOFFAUSWAHL

Walkloden, Baumwollfleece, feste Mantelstoffe, Teddyplüsch

- *In der Anleitung umgesetzt aus Walkloden.*

DAS BRAUCHST DU

Stoffverbrauch

- *210cm (bei einer Breite von 140cm)*

ZUSCHNITT

- *Gib überall eine Nahtzugabe von 0,75cm hinzu.*
- *Gib beim Vorderteil unten und beim Rückteil unten 2cm Saumzugabe hinzu.*
- *Gib bei den Kragenstreifen an einer kurzen Seite eine Saumzugabe von 2cm hinzu.*

1x Rückteil im Bruch
2x Vorderteil gegengleich
2x Ärmel gegengleich
2x Kragenstreifen gegengleich
2x Manschette im Bruch
2x Tasche

- *Du findest alle Schnittteile auf SB 6.*
- *Übertrage dir auch alle Markierungen von den Schnittteilen auf deinen Stoff.*

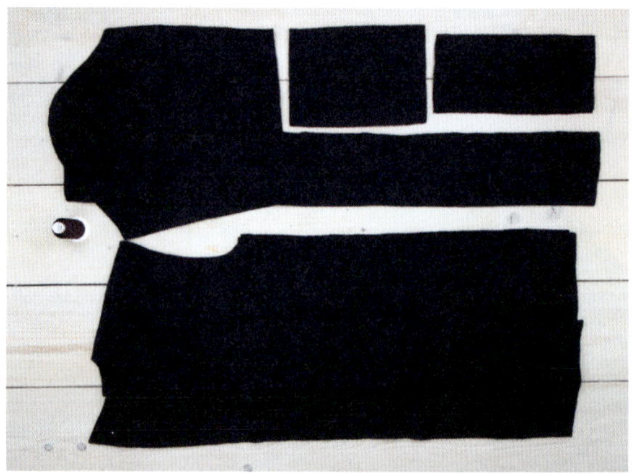

1. Fertige dir im ersten Schritt die zwei Taschen. Klappe den Umbruch auf die linke Stoffseite und nähe diesen fest. Bei Walkloden muss nichts weiter umgenäht werden, da dieser offenkantig verarbeitet werden kann.

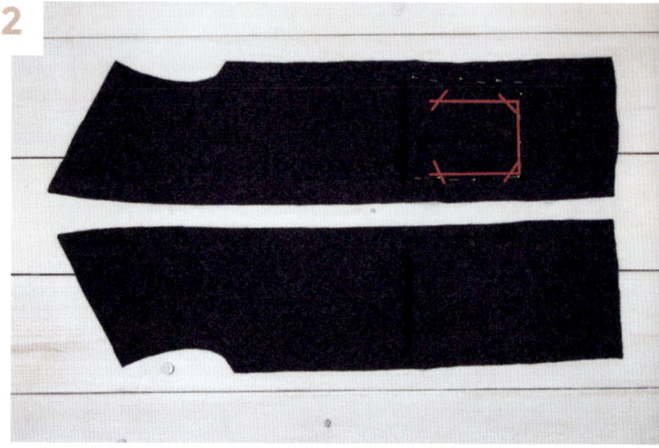

2. Positioniere die Taschen nun 14 cm oberhalb der unteren Saumkante auf den beiden Vorderteilen, stecke sie mit Stecknadeln fest und nähe sie an den drei markierten Seiten an. Setze an den vier Ecken mit ein paar Stichen je einen kleinen Riegel zur Sicherung.

3. Lege dir die beiden Vorderteile rechts auf rechts auf das Rückteil und schließe als Erstes die Schulterpartien.

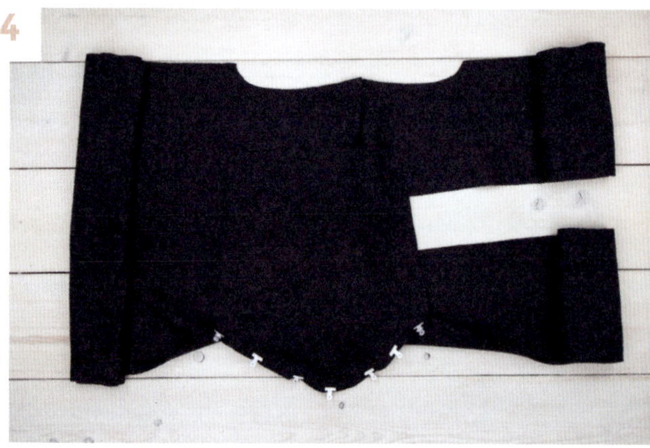

4. Nimm dir als Nächstes einen Ärmel und stecke ihn laut der Markierungen rechts auf rechts in die Armkugel. Nähe ihn dort fest. Verfahre auf die gleiche Weise mit dem anderen Ärmel. Achte darauf, dass die Nahtzugaben an den Schultern flach auseinanderliegen.

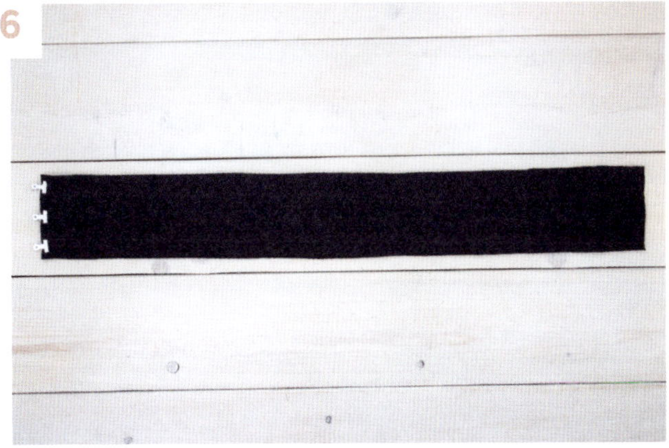

5. Schließe nun die Arm- und Seitennähte auf beiden Seiten in einem Schritt.

6. Nun ist der Streifen für den Kragen dran. Nähe beide Streifen rechts auf rechts an einer kurzen Seite zusammen. Hier befindet sich nun die hintere Mitte.

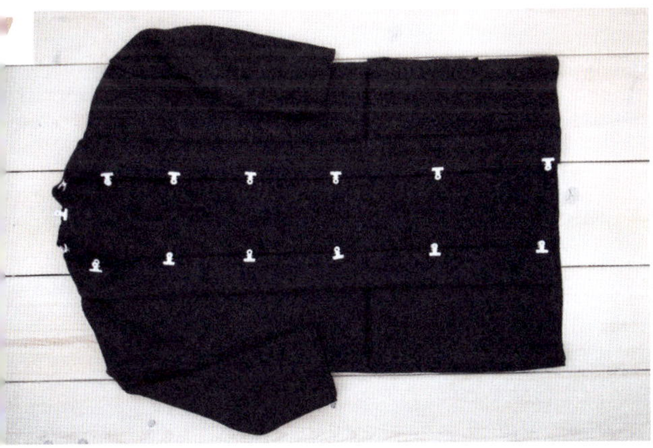

7. Klappe den Kragenstreifen links auf links zusammen und stecke ihn rechts auf rechts an der vorderen Kante des Cardigans fest. Nähe diesen an. Achte auch hier wieder darauf, dass alle Nähte flach auseinanderliegen.

8. Für einen guten Sitz des Kragenstreifens steppst du diesen noch einmal rundherum mit einem Geradstich auf der rechten Seite ab.

9

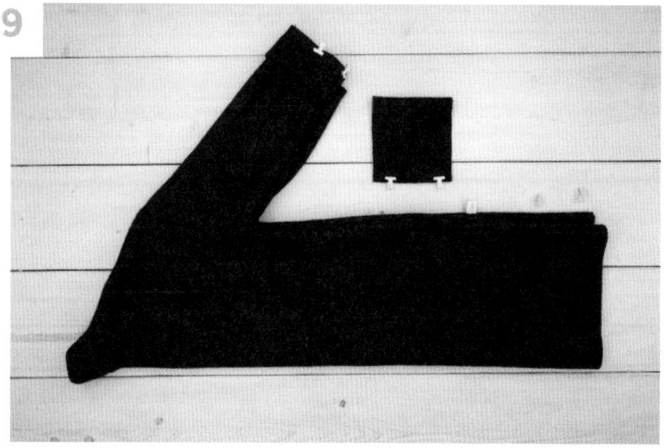

9. Als Nächstes sind die Armsäume dran. Klappe die Manschetten rechts auf rechts aufeinander und schließe die kurzen Seiten laut Markierung. Klappe sie dann links auf links aufeinander und stecke sie rechts auf rechts an die Armsäume. Nähe beide Manschetten auf diese Weise an die Armsäume.

10

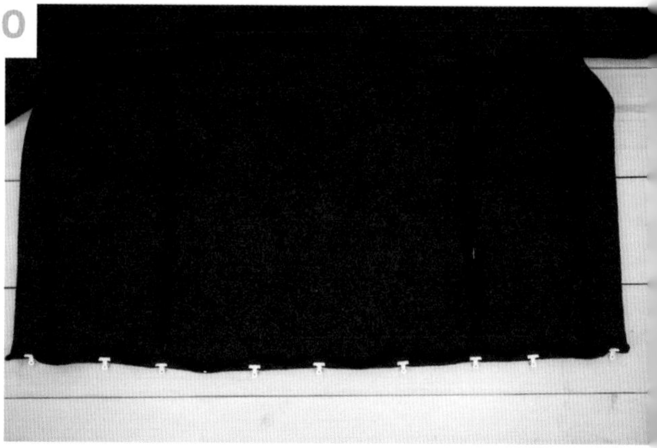

10. Zum Schluss wird noch der untere Saum genäht. Klappe die gesamte untere Kante dafür um 1,5cm nach innen ein und steppe zuletzt den Saum mit einem Geradstich fest.

11

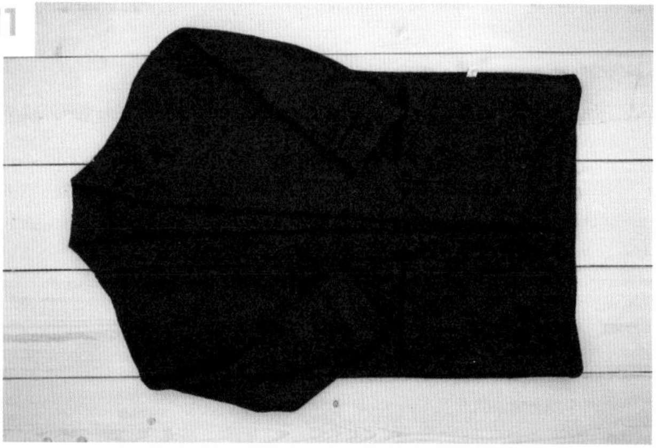

11. Und schon ist dein gemütlicher Cardigan für den Übergang fertig.

WALKJACKE

Diese wunderschöne Jacke wird dich durch den kalten Winter begleiten. Stell dich dieser kleinen Challenge und du wirst mit etwas Wunderbarem belohnt. Die diagonal geschnittenen Taschen auf dem Vorderteil sind so einfach genäht und machen doch so viel her. Perfekt ins Bild passen hier auch die diagonal verlaufenden Raglanärmel, durch die sich die Jacke perfekt an sämtliche Körperformen anpasst. Die leicht verlaufende Egg-Shape und die innenliegenden Bündchen runden das Bild ab und halten dich kuschelig warm. Eine dreigeteilte Kapuze schützt auch die Ohren vor Wind und Wetter. Geschlossen wird die Jacke mit einem Reißverschluss, den du alternativ auch mit einer Blende verdecken kannst.

STOFFAUSWAHL

Außen: Walkloden, feste Mantelstoffe, Teddyplüsch, Softshell
Innen: Baumwollfleece, Sweat, Teddyplüsch u.v.m.
Bündchenware

- *In der Anleitung umgesetzt aus Walkloden, Baumwollfleece und Bündchenware.*

DAS BRAUCHST DU

Stoffverbrauch

- *Außenstoff: 240 cm (bei einer Breite von 140 cm)*
- *Innenstoff: 200 cm (bei einer Breite von 140 cm)*
- *Bündchenware: 15 cm*
- *Teilbarer Reißverschluss 75 cm*
- *Optional: Kordel als Aufhänger*

ZUSCHNITT

- *Gib überall eine Nahtzugabe von 0,75 cm hinzu.*
- *Die Belege an Ärmel und Saum sind hier gleich mitangeschnitten.*

Außenstoff

2x Vorderteil 1 gegengleich
2x Vorderteil 2 gegengleich
2x Rückteil gegengleich
2x Ärmel gegengleich
2x Kapuze Seite gegengleich
1x Kapuze Mittelsteg
1x Reißverschlussblende (optional)

Innenstoff

2x Vorderteil Futter gegengleich
2x Rückteil gegengleich (Schnittteil umklappen bei „hier abtrennen für Futter")
2x Ärmel gegengleich (Schnittteil umklappen bei „hier abtrennen für Futter")
2x Kapuze Seite gegengleich
1x Kapuze Mittelsteg
2x Ärmelbündchen aus Bündchenware

- *Du findest alle Schnittteile auf SB 1 und 6.*
- *Übertrage dir auch alle Markierungen von den Schnittteilen auf deinen Stoff.*

1

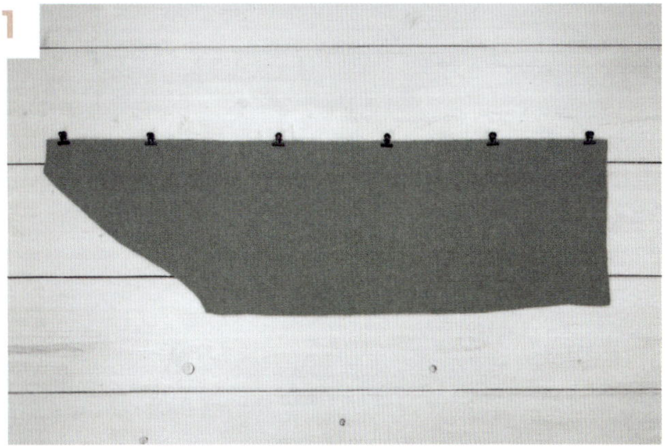

2

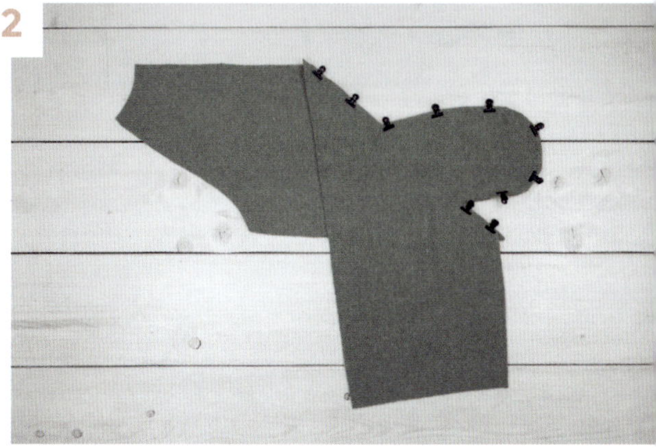

1. Im ersten Schritt beschäftigst du dich ausschließlich mit der Außenjacke. Lege die Rückteile rechts auf rechts aufeinander und schließe die hintere Mitte.

2. Die Vorderteile bestehen aus je zwei Teilen, an denen die Taschen direkt mitangeschnitten sind. Lege je ein Vorderteil 1 und ein Vorderteil 2 rechts auf rechts aufeinande und nähe sie entlang der Klammern zusammen. Um die Taschen sauber auszuarbeiten, nähe ich hier an der Nähmaschine. An den Taschenansätzen musst du um die Ecke nähen. Lasse dafür die Nadel im Stoff stecken und drehe nur den Stoff, um in die richtige Richtung weiterzunähen.

3

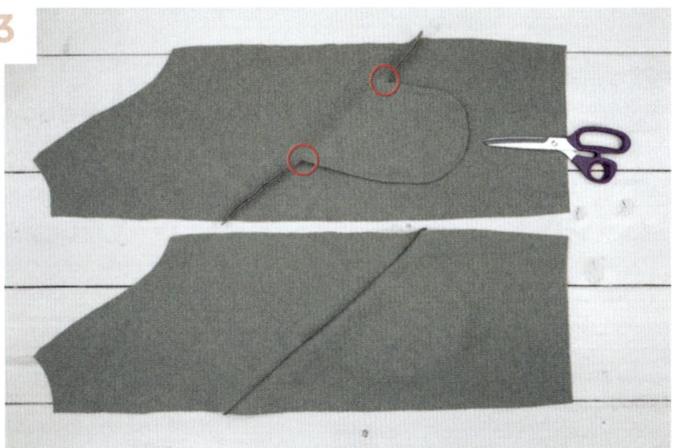

4

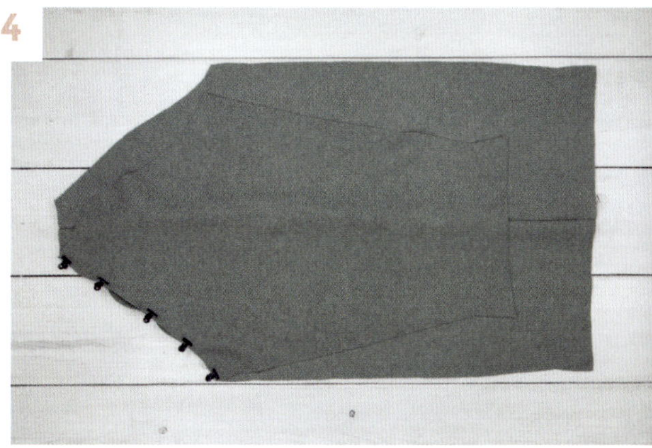

3. Hier siehst du eine rechte und eine linke Seite des Vorderteils. Schneide die Taschenansätze an den Markierungen in der Nahtzugabe ein, damit sie sich flach einschlagen lassen.

4. Lege das Rückteil mit der rechten Seite nach oben vo dir aus. Nimm dir den ersten Ärmel und stecke ihn rechts auf rechts an den Armausschnitt. Jeder Ärmel hat eine lange und eine kurze Spitze. Beim Raglanarm kommt die kurze Spitze immer an das Vorderteil, die lange an das Rückteil. Wähle in diesem Schritt also die lange Spitze des Ärmels. Wiederhole diesen Schritt auf der anderen Seite.

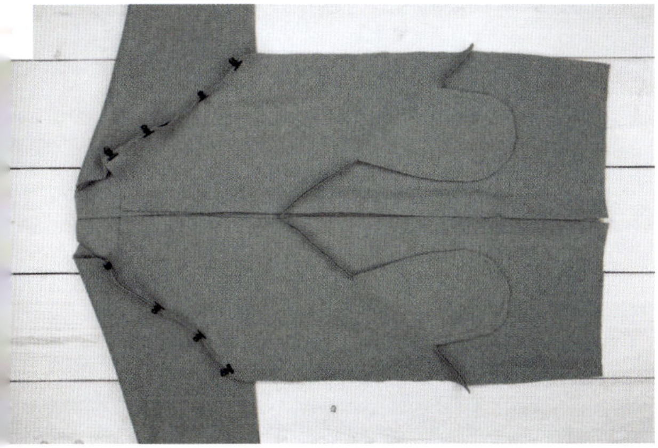

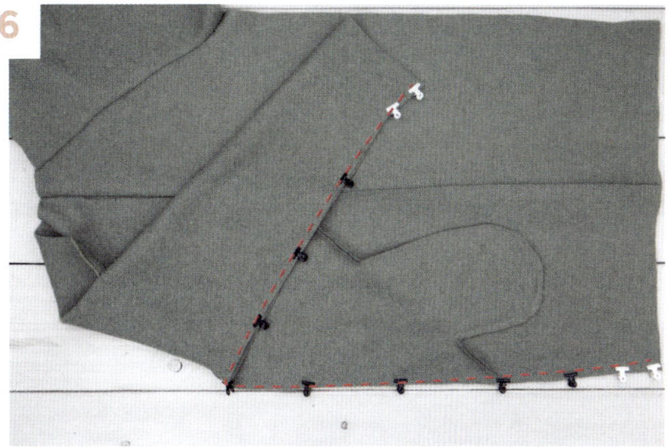

5. Nun kommen Rückteil, Ärmel und die Vorderteile zusammen. Lege den Rücken mit den Ärmeln vor dir aus. Die rechte Seite schaut dich an. Stecke nun die Vorderteile rechts auf rechts an die noch offenen Kanten der Ärmel.

6. Schließe im nächsten Schritt die komplette Seitennaht. Beginnend beim Arm über die Achsel bis zur unteren Saumkante. Wiederhole dieses auch an der anderen Seite. Achte darauf, dass du die Nahtzugabe der diagonalen Teilung nach unten Richtung Saum festnähst. Die weißen Klammern stellen den Beleg dar.

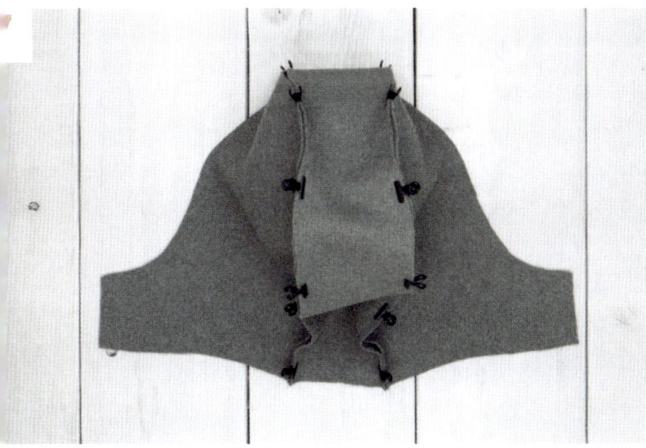

7. Schon geht es mit der Kapuze weiter. Stecke den Mittelsteg rechts auf rechts an die beiden Kapuzenseitenteile und nähe sie fest. Damit ist die Kapuze schon fertig.

8. Fixiere diese nun an dem Halsausschnitt der Außenjacke und nähe sie dort fest. Die Außenjacke ist damit schon einmal fertig.

9

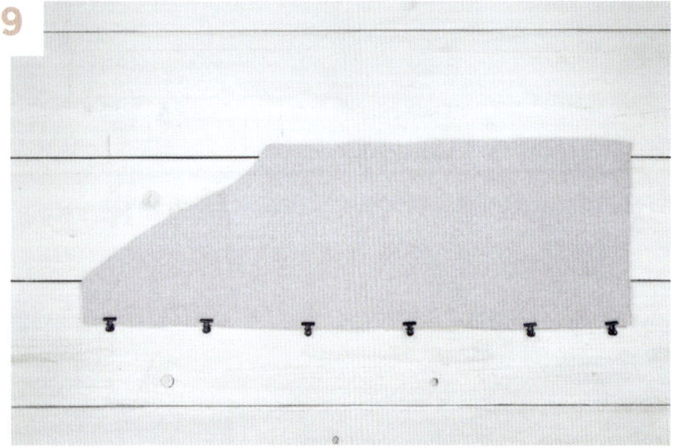

9. Nun geht es mit der Innenjacke weiter. Lege die beiden Rückteile rechts auf rechts aufeinander und nähe sie entlang der Klammern zusammen.

10

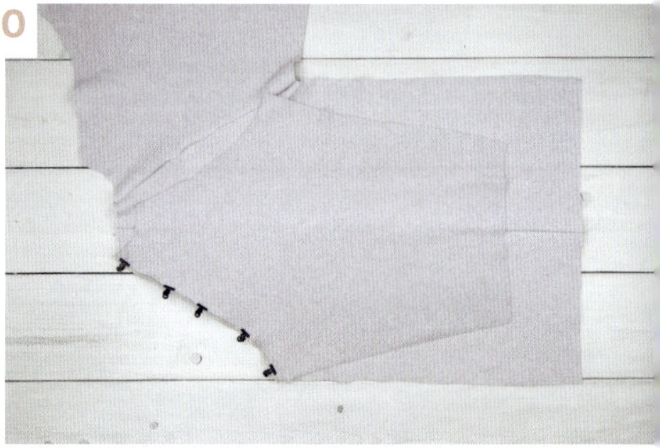

10. Lege das Rückteil mit der rechten Seite nach oben vor dir aus. Nimm dir den ersten Ärmel und stecke ihn mit der langen Spitze rechts auf rechts an den Armausschnitt. Wiederhole diesen Schritt auch auf der anderen Seite.

11

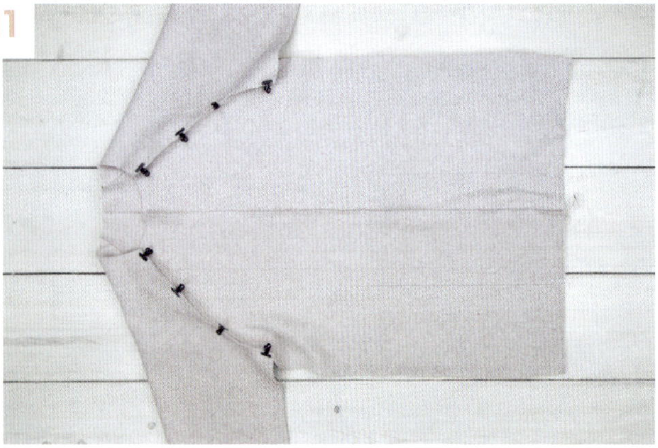

11. Nun folgen noch die beiden Vorderteile der Innenjacke. Stecke beide rechts auf rechts an die noch offenen Armausschnitte und nähe sie fest.

12

12. Schließe im nächsten Schritt die beiden Seitennähte. Beginnend beim Arm über die Achsel bis zur unteren Saumkante. Lasse an einem der beiden Arme eine Wendeöffnung von etwa 10 cm.

13. Nun geht es schon mit der Kapuze weiter. Stecke den Mittelsteg rechts auf rechts an die beiden Kapuzenseitenteile und nähe ihn fest.

14. Fixiere die Kapuze nun an dem Halsausschnitt der Innenjacke und nähe sie dort fest. Optional kannst du hier einen Aufhänger mit einfassen. Die Innenjacke ist damit auch fertig.

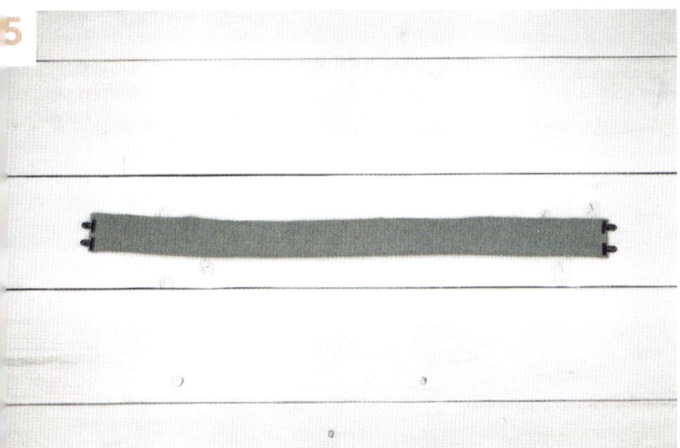

15. Ich möchte hier eine Reißverschlussblende verarbeiten. Diese ist natürlich kein Muss, ich finde sie aber sehr praktisch. Allerdings ist zu bedenken, dass sie die beiden Diagonalen optisch unterbricht. Lege die Blende rechts auf rechts der Länge nach aufeinander und schließe beide kurzen Seiten.

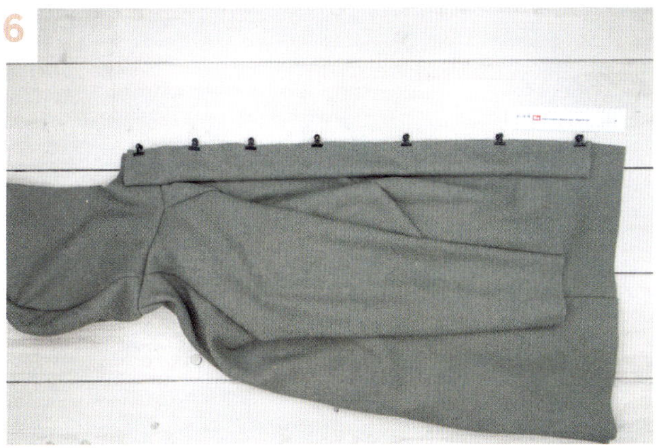

16. Wende die Blende auf die rechte Seite und fixiere sie an der rechten vorderen Kante des Vorderteils. Beginne mit der Blende 7cm oberhalb der unteren Kante.

17

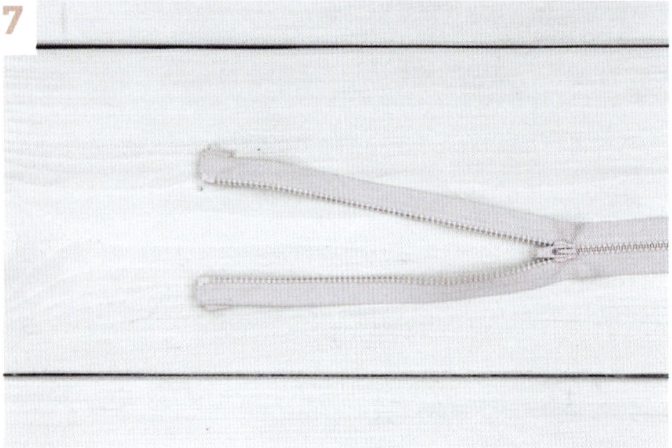

17. Jetzt bereitest du den Reißverschluss vor. Klappe die oberen Kanten beim Reißverschluss nach hinten weg und fixiere sie mit ein paar Stichen ganz am äußeren Rand.

18

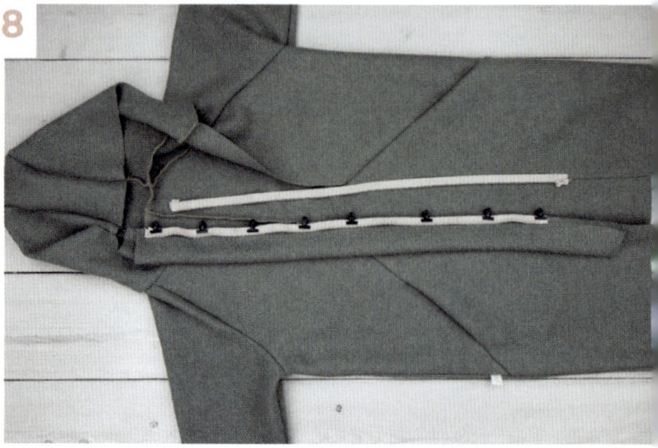

18. Lege die linke Seite des Reißverschlusses nun rechts auf rechts an die Kante, an die du zuvor die Blende angenäht hast. Starte mit dem Reißverschluss etwa 1cm unterhalb der Blende. Nähe hier mit Sorgfalt und viel Ruhe, du hast hier schließlich so einige Schichten unter der Nadel. Nimm hier nun den Reißverschlussfuß deiner Nähmaschine zur Hilfe.

19

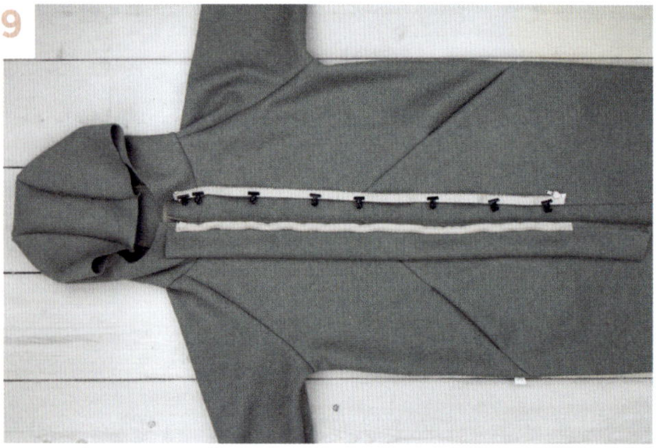

19. Nun die andere Seite. Fixiere erneut den Reißverschluss rechts auf rechts entlang der Kante. Achte darauf, dass du auf der gleichen Höhe beginnst. Teste, überprüfe und stecke lieber einmal mehr. Die Naht, an der die Kapuze auf das Vorderteil trifft, ist eine gute Orientierung. Während des Nähens begegnet dir hier der Zipper. Lasse die Nadel an dieser Stelle im Stoff stehen, hebe den Nähfuß, schiebe den Zipper vorbei, Nähfuß runter, weiter geht's.

20

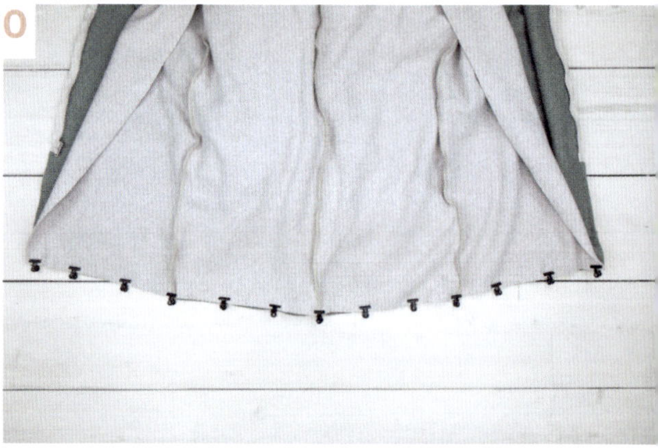

20. Im nächsten Schritt kommt die Innenjacke hinzu. Lege die fertige Außenjacke mit der rechten Seite nach oben vor dich hin. Lege die Innenjacke rechts auf rechts darauf und fixiere die komplette untere Saumkante. Nähe die beiden Jacken an dieser Stelle zusammen.

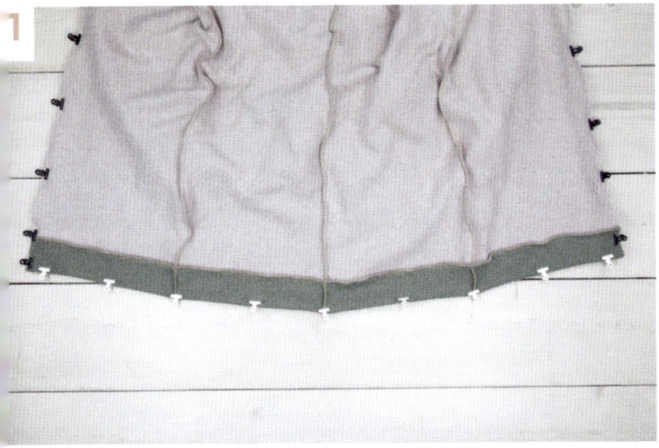

21. Nun kommt der untere Beleg des Außenstoffs auf die Innenseite. Fixiere diesen entlang der gesamten Saumkante. Nimm dabei unbedingt ein Maßband zur Hilfe, damit der Beleg auch überall die gleiche Breite von 6 cm hat.

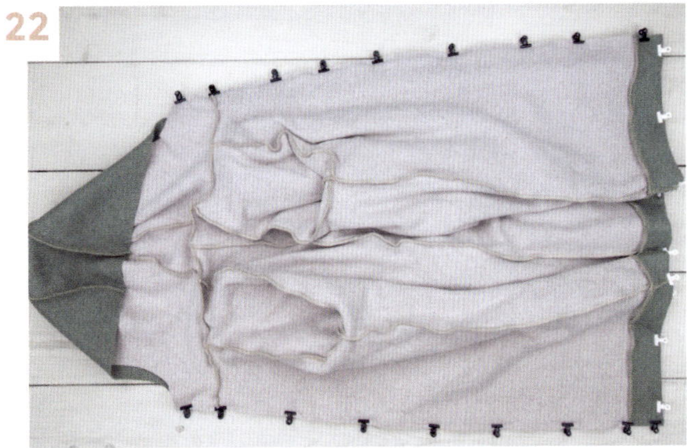

22. Fixiere den Innenstoff an den Kanten auf dem Reißverschluss (RV). Genäht wird mit dem RV-Fuß. Damit der Innenstoff nicht verrutscht, nähst du wieder auf der Seite der bereits genähten RV-Naht, also Außenstoff ist oben. Du nähst die gesamte vordere Kante vom Kapuzenkragen bis zum Saum. Arbeite langsam und sorgfältig und es wird dir sicher gut gelingen. Die weißen Klammern halten hier den Beleg, genäht wird nur entlang der schwarzen Klammern.

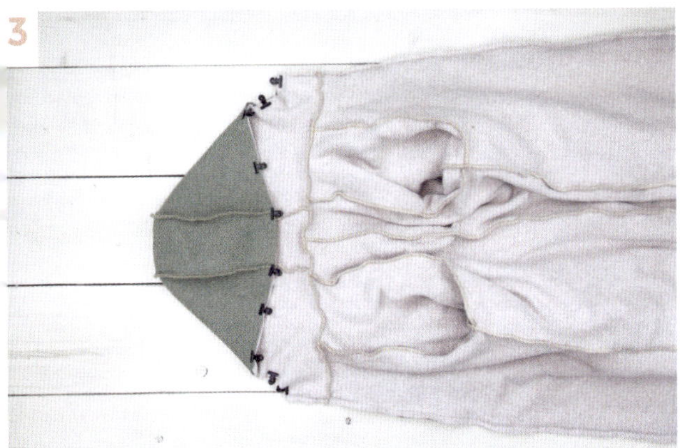

23. Nun fixierst du Innen- und Außenkapuze aufeinander, achte darauf, dass die Nähte sich treffen, und schließe die Naht. Wende danach die Jacke durch die Wendeöffnung im Arm.

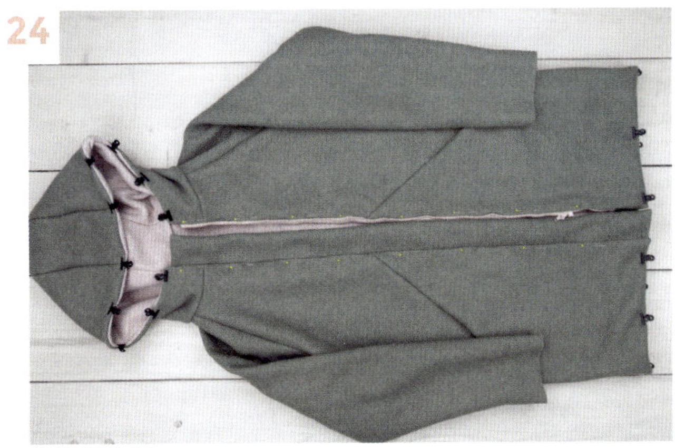

24. Stecke Außen- und Innenjacke nun sicher aufeinander. Am unteren Saum solltest du innen noch einmal die 6 cm Belegbreite abmessen. Hier und an der Kapuze kannst du Klammern nutzen, entlang der vorderen Kante musst du auf Stecknadeln zurückgreifen. Steppe die Jacke dann nähfußbreit einmal rundherum ab. Arbeite auch hier noch einmal langsam und mit Bedacht, umso schöner wird das Ergebnis.

25. Ziehe dir als Nächstes die Halskante von Innen- und Außenjacke an der Stelle, wo du den Aufhänger angenäht hast, durch die Wendeöffnung heraus und fixiere beide Kanten in der Nahtzugabe mit ein paar Stichen.
Der Aufhänger bekommt dadurch eine gute Stabilität.

26. Im nächsten Schritt fertigst du die Bündchen. Nähe sie mit der Overlock oder dem elastischen Zickzackstich der Nähmaschine entlang der markierten Kante zusammen. Eine genaue Anleitung zu innenliegenden Bündchen findest du auf Seite 28.

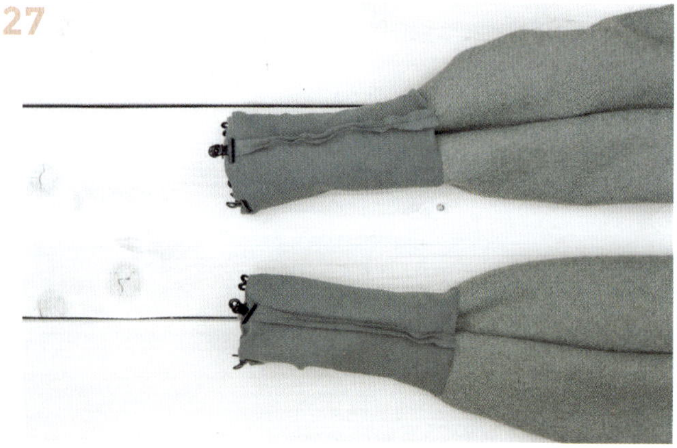

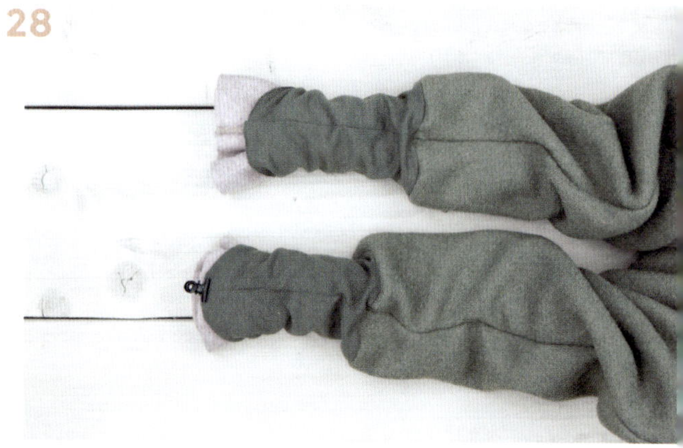

27. Stecke beide Bündchen zuerst rechts auf rechts an die Armabschlüsse der Außenjacke und nähe sie ringsherum fest. Achte darauf, dass die geschlossene Naht des Bündchens auf die geschlossene Naht des Oberstoffs trifft. Du kannst hier sowohl an der Overlock als auch an der normalen Nähmaschine arbeiten. Nutze dann allerdings einen elastischen Zickzackstich.

28. Nun stülpst du das Bündchen einmal um, sodass die rechte Seite oben liegt. An die noch offene Kante vom Bündchen muss nun der Futterstoff gesteckt werden. Fixiere Futterstoff und Bündchen mit einer Klammer an einem Punkt.

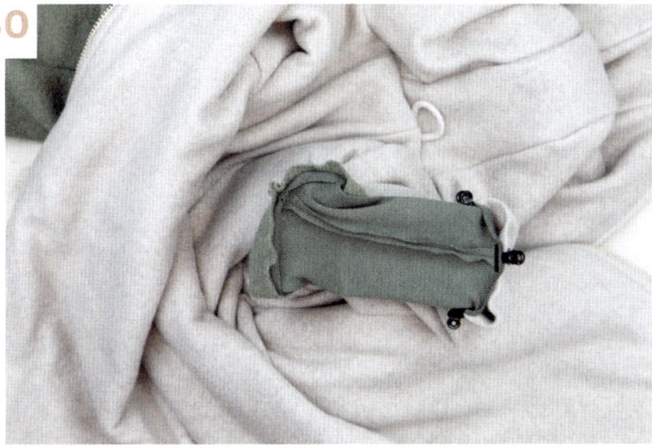

29. Greife nun durch die Wendeöffnung und ziehe dir den Armabschluss gut sichtbar auf die linke Seite heraus. Löse die Klammer und stecke die Schichten nun rechts auf rechts.

30. Nähe die noch offene Bündchenkante nun ringsherum an den Futterstoff. Ziehe die Ärmel durch die Wendeöffnung zurück auf die rechte Seite.

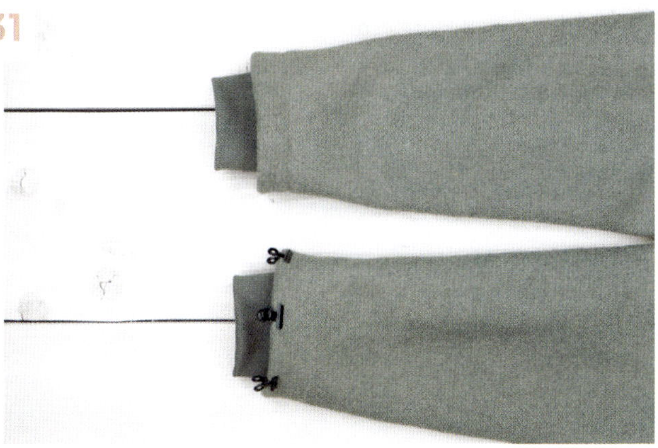

31. Im letzten Schritt ziehst du dann den Oberstoff des Ärmels um die Hälfte der Belegbreite (3cm) nach unten Richtung Saum. Stecke dir die entstandene Kante sauber fest und steppe die beiden Lagen Außenstoff dort, wo Futter auf Bündchen trifft, noch einmal rundherum ab. Geschafft!

32. Jetzt noch die Wendeöffnung schließen und fertig ist deine wunderbar gemütliche, schöne und praktische Winterjacke.

WIE VERARBEITE ICH WAS?
EINE PRAKTISCHE ÜBERSICHT FÜR DEINEN NÄHALLTAG

Sommerstoffe	Stoffart & Kategorien	Materialien	Elastizität
Musselin	Webware	100 % Baumwolle	Nein
Leinen & Halbleinen	Webware	100 % Leinen, Leinengemisch, mit Elasthananteil möglich	Nein, außer bei Elasthananteil
Popeline	Webware	100 % Baumwolle	Nein (durch besonderes Webverfahren leicht elastisch)
Seersucker	Webware	100 % Baumwolle	Nein (durch besonderes Webverfahren leicht elastisch)
Jersey	Strickware (Baumwolljersey, Rippjersey, Frotteejersey, Pointoille, Cordjersey ...)	Baumwolle, Wolle, Viskose, meist mit Elasthananteil	Ja
French Terry (Sommersweat)	Strickware	Baumwolle, Elasthan	Ja
Bündchenware	Strickware	Baumwolle, Elasthan	Ja

Nadelart, Stärke & Stichart	Besonderheiten, Tipps & Tricks	Verwendung
Universalnadel, 70–80er Stärke, Overlock (Versäuberungsstich) UND Geradstich, 2 mm Stichlänge	Bügelfrei, bekommt erst im Trockner seine richtige Schönheit. Angenehm auf der Haut, atmungsaktiv. Verzeiht so einiges unter der Nadel. Immer vorwaschen.	Kleider, Shirts, Hosen, Blusen, Röcke, Tücher, Deko u. v. m.
Universalnadel, 70–80er Stärke, Overlock (Versäuberungsstich) UND Dreifachgeradstich (zur Sicherung der Nähte), 2 mm Stichlänge	Leinen knittert edel. Ich bevorzuge für Kleidung gewaschenes Leinen oder Leinenmischgewebe, diese fallen schön und sind angenehm zu tragen. Ist atmungsaktiv, kühlend und robust. Vorwaschen. Versäubern notwendig.	Kleider, Röcke, Blusen, Hosen, Deko u. v. m.
Universalnadel, 70–80er Stärke, Overlock (Versäuberungsstich) UND Geradstich, 2 mm Stichlänge	Gutes Material für den Einstieg, hier verrutscht nichts unter der Nadel. Vorwaschen. Versäubern notwendig.	Kleider, Blusen, Hemden, Deko
Universalnadel, 70–80er Stärke, Overlock (Versäuberungsstich) UND Geradstich, 2 mm Stichlänge	Das charakteristische Faltenmuster ist unterschiedlich elastisch, daher manchmal etwas tricky unter der Maschine. Bügelfrei. Vorwaschen. Versäubern notwendig.	Kleider, Blusen, Hemden, Bettwäsche
Jerseynadel, 70–80er Stärke, Overlock/elastischer Geradstich/ Zickzackstich, 1,5 mm Stichlänge, 5 mm Stichbreite	Dünne Jerseystoffe rollen sich gerne an den Kanten auf, hier helfen am Anfang viele Klammern, damit sich nichts einrollt. Vorwaschen. Kann offenkantig verarbeitet werden.	Shirts, Longsleeves, Futterstoff u. v. m.
Jerseynadel, 70–80er Stärke, Overlock/elastischer Geradstich/ Zickzackstich, 1,5 mm Stichlänge, Stichbreite 5 mm	Sehr einfach in der Verarbeitung, super für den Einstieg geeignet. Vorwaschen. Kann offenkantig verarbeitet werden.	Shirts, Sweater, Shorts, Futterstoff u. v. m.
Jerseynadel, 70–80er Stärke, Overlock/elastischer Geradstich/ Zickzackstich, 1,5 mm Stichlänge, 5 mm Stichbreite	Man unterscheidet Feinstrick und gerippte Bündchen. Beide haben eine hohe Flexibilität und damit einen hohen Tragekomfort. Bündchen nähst du immer gedehnt an. Kann offenkantig verarbeitet werden.	Besonders beliebt als Saumabschluss bei Sweatern, Jacken, Hosen u. v. m.

Winterstoffe	Stoffart & Kategorien	Materialien	Elastizität
Cord	Webware (Feincord, Mittelcord, Breitcord)	Baumwolle, teilweise mit geringem Elasthananteil	Nein, außer bei Elasthananteil
Strickstoffe	Strickware	Baumwollgemisch, Wollgemisch	Ja
Sweat (Wintersweat)	Strickware	Baumwolle, Polyester	Ja
Teddyplüsch	Florgewebe (zusätzlich zu Kette und Schuss kommt der Polfaden)	Baumwolle oder Polyester	Ja
Steppstoffe	Webware	Polyester	Nein
Baumwollfleece	Strickware	100 % Baumwolle	Ja
Walkloden	Webware	100 % Wolle, Merinowolle, Wollmischgewebe	Ja

Nadelart, Stärke & Stichart	Besonderheiten, Tipps & Tricks	Verwendung
Universalnadel, 70–80er Stärke, Overlock (Versäuberungsstich) UND Geradstich, 2–3 mm Stichlänge	Typische Rippenstruktur. Achtung beim Zuschnitt: Cord hat eine Streichrichtung, die du unbedingt beachten solltest (also immer in EINE Richtung zuschneiden). Ist überaus robust und dennoch angenehm zu tragen. Vorwaschen. Versäubern notwendig.	Hosen, Kleider, Röcke, Hemdblusen, Jacken, Accessoires u. v. m.
Jerseynadel 70–80er Stärke, Overlock/elastischer Geradstich/ Zickzackstich, 1,5 mm Stichlänge, 5 mm Stichbreite	Strickstoffe sind teilweise sehr elastisch. Achte beim Zuschnitt darauf, dass der Stoff schön flach liegt. Anstelle von Knipsen besser den Trickmarker nutzen, damit nichts aufribbelt. Immer vorwaschen. Versäubern notwendig.	Kleider, Shirts, Hosen u. v. m.
Jerseynadel, 70–80er Stärke, Overlock/elastischer Geradstich/ Zickzackstich, 1,5 mm Stichlänge, 5 mm Stichbreite	Sehr einfach in der Verarbeitung, super für den Einstieg geeignet. Perfekt für die kalte Jahreszeit, kuschelig weich von innen. Vorwaschen. Kann offenkantig verarbeitet werden.	Sweater, Shorts, Hosen, Cardigans u. v. m.
Jerseynadel, 70–80er Stärke, Overlock/elastischer Geradstich/ Zickzackstich, 1,5 mm Stichlänge, 5 mm Stichbreite	Plüsch hat eine Streichrichtung, beachte diese immer beim Zuschnitt. Spare beim Nähen nicht mit Klammern, Plüsch verrutscht gerne unter der Nadel. Immer vorwaschen. Versäubern notwendig.	Jacken, Futterstoff, Hemdblusen, Sweater, Deko u. v. m.
Universalnadel, 80–90er Stärke, Overlock oder Geradstich, 3–4 mm Stichlänge	Besteht aus drei Schichten, die miteinander vernäht sind. In der Mitte dickeres Vlies, wodurch sich die Struktur ergibt. Steppstoff verzieht sich gerne unter der Maschine. Heften ist hilfreich. Lieber Klammern statt Nadeln verwenden, Auftrennen vermeiden (Nadel hinterlässt Löcher auf Oberstoff). Versäubern notwendig. Vorwaschen nicht notwendig.	Jacken, Mäntel, Taschen u. v. m.
Jerseynadel, 70–80er Stärke, Overlock/elastischer Geradstich/ Zickzackstich, 1,5 mm Stichlänge, 5 mm Stichbreite	Extrem kuschelig für den Winter. Achte auf linke und rechte Stoffseite. Diese ist erst schwer zu unterscheiden. Verwechselst du aber beim Nähen die Seiten, zeigt sich das spätestens beim Waschen. Spare nicht mit Klammern. Vorwaschen. Kann offenkantig verarbeitet werden.	Jacken, Mäntel, Cardigans u. v. m.
Universalnadel, 70–80er Stärke, Geradstich (Overlock möglich), 2–3 mm Stichlänge	Tollster Winterstoff, warm, temperaturregulierend, easy in der Verarbeitung, selbstreinigend (lüften und ausbürsten genügt). Vorwaschen nicht notwendig. Kann offenkantig verarbeitet werden.	Jacken, Mäntel, Cardigans u. v. m.

DANK

MARC
Ohne viele Worte. Du bist mein Antrieb, meine Kraft, meine große Liebe.

JETTE, IDA & BRUNO
Ihr seid die Basis für all das hier, meine Inspiration, meine größten Schätze. So war es, ist es und so wird es immer bleiben.

MAMA & PAPA
Danke, dass ihr mir zeigt, wie stolz ihr seid.

KIRA WEINGARTEN
Meine liebe Kira, wie wunderbar war es, dieses vierte Abenteuer wieder mit dir zusammen zu erleben. Wir verstehen uns und das ist so viel wert – bist die Beste!

SARAH HOLZWARTH
Und einen besonderen Dank an dich, liebe Sarah, was wäre auch dieses Buch ohne deine Argusaugen. Danke für dein Verständnis, wenn es bei mir mit der Timeline nicht immer so rund läuft ...

NICOLE, THERESA, FRANZISKA, JENNY, REBECCA, ANNIKA UND BIRTE
Da gibt es nicht viel zu sagen und doch so viel von Herzen – einfach spitze, dass ihr wieder einmal da wart. Wenn auch nicht so viel an der Maschine, dafür aber umso mehr fürs Herz und das gute Gefühl.

FRAUKE BEHME
Du bist die Basis für die Herzstücke dieses Buchs. Danke für deine Fachkompetenz, deine Ruhe und deinen Humor, der unsere Zusammenarbeit getragen hat.

DAS GRANDIOSE NÄHTEAM
Danke, danke, danke für eure tolle Unterstützung.

MODEL UND FOTOGRAFIN
Danke euch wieder für eine unvergessliche Zeit in München. Ankommen, wohlfühlen und ganz nebenbei entstehen granatenstarke Bilder. Einfach danke von Herzen!

DANKE AN ALLE SPONSOREN
Bernina Nähmaschinen – für den netten Kontakt auf Instagram und Maschinen, die das Nähherz höherschlagen lassen.

Prym Deutschland – für qualitativ hochwertiges Nähzubehör, mit dem das schönste Hobby der Welt doppelt Freude bereitet.

Buttinette – für Vlieseline, Reißverschlüsse & Co und nahezu alles rund ums Selbermachen.

Gütermann Garne – für Garne, die mit hervorragender Qualität überzeugen, sodass die Maschine einfach tut, was sie soll.

Stoffe: Alle Stoffe findest du in unserem Onlineshop unter www.julesnaht.de.

Ich liebe es, Farben zu kombinieren und Stoffe mit einem genauen Blick auf Qualität und Nachhaltigkeit auszuwählen. Eure Stoffbestellungen sind mittlerweile ein ganz besonderer Teil unserer Arbeit und jede einzelne erfüllt unser Herz mit Freude. Danke für eure Unterstützung.

ÜBER DIE AUTORIN

Ich nähe, seit ich denken kann. Und wenn ich richtig darüber nachdenke, war ich schon kreativ, als ich noch gar nicht wirklich denken konnte. Dieses Wirrwarr in meinem Kopf, diese vielen Gedanken, die geordnet werden wollen, wenn eine Idee kommt. Und wie sich am Ende alles zusammenfügt und etwas großartiges Neues entsteht – das ist es, was ich liebe. Es ist das kreative Schaffen in Haus und Garten, beim Basteln mit den Kindern oder eben an der Nähmaschine.

Bereits als Kind konnte ich Stunden mit meiner Mama in Stoffgeschäften verbringen. Auch zu diesem Zeitpunkt brannte schon diese kleine Flamme in mir – Nähen, Neues erschaffen, eigene Stoffe verkaufen, eine kleine feine Auswahl an wunderschönsten Stoffen, mit Menschen in den Austausch gehen und gemeinsam Kreationen erdenken.

Nach dem Abitur und meinem Lehramtsstudium habe ich mich einige Jahre dem Dasein als Lehrerin gewidmet, bis heute meine zweite große Leidenschaft. Kinder sind einfach großartig und sie beim Lernen und Entdecken zu begleiten ein echtes Geschenk. Nach den Geburten unserer drei Kinder rückte die Näherei zunehmend in den Vordergrund. Viele Abende und Nächte verbrachte ich an der Nähmaschine und zog daraus Kraft für die schönen, aber auch anstrengenden Tage als Vollzeitmama.

Neben diesem bunten Familienleben und der Gründung unseres kleinen, feinen Handmadelabels JULESNaht stand schon bald das erste eigene Nähbuch im Regal – wie wunderbar! Seit dem ersten Buch und der damit verbundenen großen Nachfrage nach unseren Stoffen konnte ich mir auch diesen Traum erfüllen – eigene Stoffe verkaufen. Der Gedanke einer selbstgefertigten Garderobe erfreut sich immer größerer Beliebtheit. Ich freue mich mit und für jeden, der hier seine Freude findet.

JULESNaht, das sind wir, Marc und Julika, ein kreativ-chaotischer Herzmensch an der Front und ein liebevoller Tausendsassa im Hintergrund. Gemeinsam gehen wir diesen Weg nun schon ein paar Jahre. Wie schön, dass du dabei bist und uns ein Stück auf dieser Reise begleitest.

IMPRESSUM

Bibliografische Information der Deutschen Bibliothek.

Die Deutsche Bibliothek verzeichnet diese Publikation in der Deutschen Nationalbibliografie.

Detaillierte bibliografische Daten sind im Internet über http://www.dnb.de/ abrufbar.

Bei Fragen zur Produktsicherheit wenden Sie sich an

Edition Michael Fischer GmbH
Kistlerhofstr. 70
81379 München
kontakt@emf-verlag.de

EIN BUCH DER EDITION MICHAEL FISCHER.

4. Auflage 2025

Layout und Cover: Pia von Miller
Satz: schere.style.papier (München)
Fotos: Corinna Teresa Brix, München (Cover- und Projektfotos), alle weiteren Fotos: Marc Landermann, Lage, außer: S. 6 shutterstock/Floral Deco; S. 8 Franziska Werner
Schnittdirectrice: Frauke Behme
Projektleitung: Kira Weingarten
Lektorat: Sarah Holzwarth (Holzkirchen)

ISBN 978-3-7459-1490-0

Gedruckt bei C&C Offset Printing Co., LTD., 14/F, C&C Building, 36 Ting Lai Road, Tai Po, N. T. Hong Kong, China

www.emf-verlag.de